Heimat. Kann die weg?

Muhterem Aras, 1966 als alevitische Kurdin in Elmaağaç geboren, groß geworden in Stuttgart, Studium der Wirtschaftswissenschaften, Steuerberaterin. Seit 2011 Abgeordnete des Landtags von Baden-Württemberg für Bündnis 90/Die Grünen. Seit 2016 ist sie als Landtagspräsidentin die erste Frau in diesem hohen Amt.

Hermann Bausinger, 1926 in Aalen geboren, ist emeritierter Professor der Universität Tübingen, war viele Jahre Direktor des Ludwig-Uhland-Instituts für Empirische Kulturwissenschaft. Hoch gelobt sein letztes Buch bei Klöpfer & Meyer in zwei Auflagen: «Eine Schwäbische Literaturgeschichte».

Reinhold Weber, 1969 in Aalen geboren, ist Honorarprofessor für die Zeitgeschichte des deutschen Südwestens an der Universität Tübingen.

Muhterem Aras /
Hermann Bausinger

Heimat. Kann die weg?

Ein Gespräch, eingeleitet und moderiert
von Reinhold Weber

k‚n

Inhalt

Heimat – historische Annäherungen   13

Heimat finden und Heimat geben   55

Heimat und Vielfalt in einer offenen Gesellschaft . . .   84

Heimat Grundgesetz   107

*Ein Gespräch über die Bedeutung von Heimat
in einer Welt der Vielfalt,
eingeleitet und moderiert von Reinhold Weber*

Da haben sich zwei gefunden! Muhterem Aras und Hermann Bausinger kennen sich von mehreren früheren Veranstaltungen her und waren sich auf Anhieb sympathisch. Er schätzt ihre Lebensleistung; für sie ist es eine Ehre, mit einem der renommiertesten Professoren im Land, dem «Aufklärer des Alltags», wie man ihn genannt hat, in einen intensiven Austausch zu treten. Beide haben etwas zu sagen – und beide können zuhören.

Man trifft sich an einem sonnigen Septembertag des Jahres 2018 am berühmten Tübinger «LUI», dem Ludwig-Uhland-Institut für Empirische Kulturwissenschaft auf dem Schloss Hohentübingen. Sofort sind die beiden im Gespräch über Heimat und die Vielfalt der Kulturen. Am Baum vor dem Haspelturm hängen reife, gelbe Quitten, der Duft der Früchte ist förmlich zu greifen. Schön sind sie nicht, die Früchte: schrumpelig, holzig, pur kaum genießbar und nur schwer zu verarbeiten. Für Hermann Bausinger wecken sie Kindheitserinnerungen. Die Frucht ist für ihn ein kleines Stück Heimat. Die Augen von Muhterem Aras leuchten, und sie ergänzt: Die Quitte verbindet auch sie mit Kindheit und Heimat, nur dass man die aromatische Süßquitte (*ayva*), die in der Türkei wächst, roh essen oder zu einer köstlichen Süßspeise verarbeiten kann. Schon wie-

der etwas gelernt, schmunzelt der Kulturwissenschaftler.

Muhterem Aras und Hermann Bausinger vor dem Haspelturm auf
Schloss Hohentübingen. Mit reifen Quitten wird das Gespräch
eröffnet über die kulturelle Bereicherung durch Vielfalt – nicht
zuletzt im Kulinarischen.

Seit Jahrzehnten wirkt Hermann Bausinger im Tübinger Haspelturm in einer einzigartigen und inspi-
rierenden Arbeitsatmosphäre. Von hier aus hat er
schon in den Fünfzigerjahren sein Fach aus den en-
gen Grenzen befreit, die traditionelle Volkskunde
durchlüftet und zur interdisziplinären Empirischen
Kulturwissenschaft modernisiert. Kaum ein anderer
kennt Baden-Württemberg so gut wie er. Über ein
langes Forscherleben hinweg hat er den Menschen

im Land wortwörtlich aufs Maul geschaut, ihre Dialekte untersucht, ihre Bräuche beobachtet und ihren Alltag mit kulturhistorischem Blick analysiert. Das Thema Heimat in all seinen Verästelungen und Konjunkturen hat ihn Zeit seiner Lehr- und Forschungstätigkeit beschäftigt.

Mit seinem großen Wissensfundus, gepaart mit knitzem Humor, trifft er hier auf eine Frau aus einer anderen Generation und mit völlig anderer Biographie. Muhterem Aras ist als zwölfjähriges Mädchen aus der Türkei nach Deutschland gekommen – ein klassisches «Gastarbeiterkind». Der eine, Hermann Bausinger, ist Urschwabe, 1926 in Aalen geboren, die andere, Muhterem Aras, ist Schwäbin mit türkisch-kurdischen Wurzeln, 1966 in Anatolien in einem kleinen Dorf namens Elmaağaç als Tochter kurdischer Aleviten zur Welt gekommen. Sie hat sich hochgearbeitet und gilt weithin als Paradebeispiel einer gelungenen Integration: Hauptschulabschluss, Abitur an einem beruflichen Gymnasium, Studium der Wirtschaftswissenschaften, Prüfung zur Steuerberaterin und Gründung eines eigenen Büros. Kein leichter Weg.

1992, als im gerade wiedervereinigten Deutschland Pogrome gegen Migranten das Land erschüttern, tritt sie den Grünen bei. 1999 wird sie in den Stuttgarter Gemeinderat gewählt, wo sie 2007 Fraktionsvorsitzende ihrer Partei wird. 2011 gewinnt Muhterem Aras bei der Landtagswahl ein Direktmandat für einen der vier Stuttgarter Wahlkreise, 2016 wird sie erneut gewählt – mit mehr als 42 Prozent erneut als Stimmenkönigin ihrer Partei, dieses Mal sogar mit dem landesweit besten Ergebnis aller Landtagskandidatinnen und -kandidaten. Muhterem Aras wird zur Landtagspräsidentin gewählt – als erste Frau, als erste Grüne und als erste Frau aus einer Zuwandererfamilie in diesem hohen Staatsamt. Und sie hat eine Mission: Sie bekleidet nicht nur ein Amt, sondern sie steht aktiv ein für die Werte des Grundgesetzes und der Landesverfassung, für die Demokratie und ihre Institutionen, die sich, herausgefordert von Rechtspopulisten, im Stresstest befinden. Heimat ist ihr, die sich selbst eine neue Heimat geschaffen hat, ein Herzensanliegen, aber auch ein eminent politisches Thema in einer offenen, liberalen Gesellschaft, die massiven Anfeindungen ausgesetzt ist.

Heimat – historische Annäherungen

Herr Bausinger, lässt sich Heimat eigentlich definieren?

BAUSINGER: Nein, da halte ich es mit Augustinus. Als der gefragt wurde, was denn die Zeit eigentlich sei, antwortete er: «Solange mich niemand danach fragt, ist es mir, als wüsste ich es; fragt man mich aber und soll ich es erklären, dann weiß ich es nicht mehr.» So verhält es sich auch mit der Heimat. Es ist ein Wort, dessen Bedeutung sich durch die jahrhundertelange Benutzung verändert hat. Alte Bedeutungen wurden abgeschliffen, neue kamen hinzu. Das Wort Heimat trägt viele Ablagerungen in sich und kann deshalb von jeder Seite aus wieder etwas anders aussehen. Es ist wahrscheinlich die Unschärfe und die Mehrdeutigkeit des Begriffs, die dafür sorgen, dass er sich in unserer Alltagssprache erhalten hat. Dass es so viele Zugänge gibt, blockiert eine verbindliche Definition. Das ist eine gewisse Entlastung für den Umgang mit dem Wort Heimat.

Für eine wissenschaftliche Definition ist das alles andere als ein Vorteil. Da sind andere Strategien und Herangehensweisen gefragt. Manchmal kann es sogar besser sein, man vermeidet solche Begriffe in der Forschung. Das war lange Zeit bei den Kulturwissenschaftlern und Soziologen auch so. Heimat war hier keine Kategorie. Das hat allerdings die damit verbundenen Probleme und Fragestellungen nicht gelöst. Vor allem aber ist ja im nichtwissenschaftlichen Sprachgebrauch das Wort Heimat dennoch erhalten geblieben.

Natürlich könnte man versuchen, den Begriff Heimat nur im Rahmen einer strikten Definition zu benutzen, die bestimmte Bedeutungswucherungen einfach ausblendet. Das kann funktionieren, wenn man beispielsweise nach der «Beheimatung» unterschiedlicher Menschengruppen fragt. Aber die Gefahr ist groß, dass man dann wesentliche Problembezüge des Begriffs verfehlt. Ich denke an die Tatsache, dass Heimat eine innere Einstellung sein kann, die eben vor allem auch an Erinnerungen festgemacht wird. Sie kann aber auch an äußere Begebenheiten und damit an Lebensqualität gebunden sein. Nicht zuletzt kann Heimat aber auch in Traditionen gründen – oder sie kann das Ergebnis ganz aktueller Aneignungen und Auseinandersetzungen sein. Man muss also genau hinschauen und die Bedeutungsinhalte möglichst konkret verorten. Begriffsgeschichte ist hier also vor allem als Problemgeschichte zu verstehen.

Demnach dürfte es sinnvoll sein, zunächst objektiv und aus der Distanz nach der geschichtlichen Entwicklung von Heimat zu fragen und dann mit Frau Aras die subjektive Seite des Heimatverständnisses zu erörtern.

BAUSINGER: Ja, aber nicht als Kontrastprogramm. Es sind verschiedene Perspektiven, die sich ergänzen. An der Erörterung von Heimat sind immer auch persönliche Erfahrungen beteiligt. Bei mir waren es zum Beispiel Beobachtungen in den Nachkriegsjahren, als man Heimat ganz überwiegend in der Vergangenheit sah und in Relikten suchte. Die «völkische» Einfärbung von Heimat, die im Nationalsozialismus vorgeherrscht hatte, spielte nur noch eine untergeordnete Rolle. Heimat wurde in den vormodernen Lebensformen gesucht, fern der technischen Welt und als Kontrast zu allem Urbanen: Dreschflegel und Mistgabel als Heimatsymbole an der Garagentür. Das hat mich zur Auseinandersetzung mit Heimat gebracht – sicher ein anderer Weg als der von Frau Aras mit einer existenziellen Umformung der Heimatbezüge.

ARAS: In der Tat, ein Teil meines Lebensweges hat mit Verlust und Gewinn von Heimat zu tun. Das ist natürlich ein Anstoß, immer wieder über dieses Thema nachzudenken. Ich will die verschiedenen Stationen dieses Wegs gerne schildern, aber der Rückblick auf die Geschichte des Heimatbegriffs ist sicher ein wichtiger Ausgangspunkt.

Dann nähern wir uns diesem vielschichtigen Begriff doch zunächst aus historischer Perspektive. Lange Zeit war Heimat ja vor allem ein rechtlich definierter Begriff.

BAUSINGER: In erster Linie ja. Bis ins Spätmittelalter und noch in die Frühneuzeit hinein hat die Kirche die Menschen nicht nur mit der Aussicht auf die himmlische Heimat vertröstet, sondern auch in Notlagen unterstützt. Ab einem gewissen Zeitpunkt, der je nach Region und Konfession unterschiedlich lag, funktionierte das nicht mehr. Deshalb mussten die Gemeinden die Verantwortung übernehmen für die Kranken, Invaliden oder Alten. Dies wurde geregelt durch ein Heimatrecht. Dieses Heimatrecht haben nur diejenigen bekommen, die Eigentum hatten. Heimat hatte also nur, wer Besitz hatte, und Besitz konnte nur derjenige erwerben, der wiederum das Heimatrecht hatte. In gewisser Weise war das also auch ein Ausschlussphänomen. Man könnte sagen, eine gut gemeinte Maßnahme, aber eben beschränkt auf diejenigen, die materiell einigermaßen potent waren. Die Gemeinden unterstützten also gewissermaßen diejenigen, von denen sie annehmen konnten, dass sie die Unterstützung nicht brauchen.

Im Gegenzug bemühten sich die Gemeinden, diejenigen Menschen loszuwerden, die keinen Besitz hatten und die nicht innerhalb eines Hofgebildes versorgt wurden. Das Heimatrecht hatte erhebliche Konsequenzen, denn ein Gewerbe oder ein Handwerk durfte man in der Regel nur betreiben, wenn man dieses Heimatrecht hatte. Auch heiraten und einen eigenen Hausstand gründen durfte man nur, wenn diese Bedingung erfüllt war. Der Erwerb des Heimatrechts wurde in den deutschen Staaten allerdings unterschiedlich geregelt. Mal wurde es nach Abstammung vergeben, mal konnte man es nach einem Aufenthalt von bestimmter Dauer bekommen, mal war es auch an die Entrichtung eines Bürgergeldes geknüpft.

Nun denkt man immer, das sei eine uralte Sache, aber diese rechtlichen Regelungen waren bis in die zweite Hälfte des 19. Jahrhunderts gültig. Dann erst wurden sie abgelöst durch den sogenannten Unterstützungswohnsitz. Nun waren die Gemeinden für ihre Einwohner verantwortlich – und zwar unabhängig von Besitz oder anderen Kriterien. Gleichzeitig bemühten sich die Gemeinden aber vor allem in Krisenzeiten weiterhin, die ärmeren und sozial niedrigeren Schichten loszuwerden. Das erklärt nicht zuletzt die immensen Auswanderungsströme, die es gerade im deutschen Südwesten bis weit ins 19. Jahrhundert hinein gab.

Und die, die in dieses Raster nicht hineinpassten, mussten «ins Elend» gehen, im Sinne der alten Bedeutung des Wortes – in ein anderes Land also, das oftmals synonym für Bedürftigkeit und Not stand?

BAUSINGER: Ja, wobei der Begriff Elend oft auch ganz neutral für das Ausland generell benutzt wurde, aber er diente schon auch als negative Abstempelung. Viele Obdachlose, Arme oder auch das «fahrende Volk» wurden als sogenannte «Bettelfuhr» einfach in andere Gemeinden geschickt. In der Polizeiverordnung Württembergs hieß es noch anfangs des 19. Jahrhunderts, Fremde, Kranke und Arme seien von Ort zu Ort weiterzuführen, «so es ihr Zustand erlaubet». Um sie nicht versorgen zu müssen, hat man sie also abgeschoben. Aber auch in den Nachbargemeinden waren sie nicht willkommen. Deshalb haben viele Menschen auf den Straßen und Wegen gelebt. Die Tourismusforscher betonen immer, dass früher deutlich mehr Menschen unterwegs gewesen seien als heute. Das bezieht sich zu großen Teilen auf jene, die kein Heimatrecht hatten.

ARAS: War denn dieser Heimatbegriff wirklich ohne jegliche Emotion? Das können wir uns heute kaum vorstellen.

BAUSINGER: Nein, hier ist deutlich zu sagen, dass die Gefühlsnote im Heimatbegriff nicht erst später dazukam, sondern eigentlich schon immer mitgeklungen hat. Man braucht nur bei Friedrich Hölderlin in seinem Gedicht «Die Heimat» nachzulesen, verfasst um 1800. Er nähert sich dort seiner eigenen Heimat und schreibt:

Am kühlen Bache, wo ich der Wellen Spiel,
Am Strome, wo ich gleiten die Schiffe sah,
Dort bin ich bald; euch traute Berge,
Die mich behüteten einst, der Heimat.

Verehrte sichre Grenzen, der Mutter Haus
Und liebender Geschwister Umarmungen
Begrüß' ich bald und ihr umschließt mich,
Dass, wie in Banden, das Herz mir heile.

Es gab also auch zu der Zeit schon einen emotionalen Bezug zur Heimat, übrigens durchaus auch bei denen, die im rechtlichen Sinn keine Heimat hatten. Es gab zum Beispiel den Spruch: «Die Heimat ist arm, aber warm.» Er zeigt, dass da durchaus eine innere Beziehung war, auch beim Gesinde auf den Höfen, dem es ja bei seinen bescheidenen Ansprüchen einigermaßen gut gehen und das sich so auch daheim fühlen konnte. Auch wenn Besitzlose nicht heiraten durften, Kinder bekamen sie trotzdem. So mancher ist da im sogenannten «Dritten Reich» ganz schön erschrocken, wenn er seine Ahnentafel fabrizierte und feststellen musste, wie viele «ledige Kinder», wie man sie nannte, im Stammbaum auftauchten.

Wann erfährt dieser Heimatbegriff dann eine grundlegende Veränderung?

BAUSINGER: Das alte Heimatrecht entsprach den Prinzipien einer stationären Gesellschaft. Die einsetzende Industrialisierung in der Mitte des 19. Jahrhunderts ist ein deutlich wahrnehmbarer Bruch, weil es wirtschaftliche Fortschritte gab und Veränderungen in der Lebenshaltung. Nun wurde eine größere Mobilität erfordert. Im Rückblick kommt uns die Industrialisierung heute relativ harmlos vor, gewissermaßen als langsamer, schleichender Prozess. Für die Zeitgenossen war sie aber ein Alarmsignal, ein Schock. Damals ist der Begriff Heimat aus der alltäglichen Realität abgewandert und wurde zu einer Art Kompensationsraum, in dem die ganzen Unsicherheiten des eigenen Lebens ausgeglichen, aber auch die eigenen Annehmlichkeiten überhöht werden konnten. Heimat wurde nun zu einer Besänftigungslandschaft, in der sich die Spannungen der Realität auflösen sollten. Im Grunde genommen ist das ein bürgerliches Heimatbild und damit auch das Ergebnis einer bürgerlichen Entwicklung im 19. Jahrhundert. Die rasch fortschreitende industrielle Entwicklung stand im Gegensatz zur Erhaltung der traditionellen gesellschaftlichen Strukturen. Und dieses bürgerliche Heimatbild wurde nun gewissermaßen zur Utopie.

«Im 19. Jahrhundert wird Heimat zur Besänftigungslandschaft, in der sich die Spannungen der Realität auflösen sollten.»

Es ist auch kein Zufall, dass Heimat nun sehr eng mit Natur verknüpft wurde, also mit dem von der Gesellschaft und der Technik Unberührten. Da suchte man Heimat, aber oft schon ein Stück weit von der Realität entfernt. Heimat war nun fernab von all dem, was in den Sturmzeiten der Industrialisierung der Natur angetan wurde. Man kann sich das vergegenwärtigen, wenn man an das Lied «Im schönsten Wiesengrunde» denkt:

> Im schönsten Wiesengrunde
> Ist meiner Heimat Haus.
> Da zog ich manche Stunde
> Ins Tal hinaus.
> Dich mein stilles Tal,
> Grüß ich tausendmal!
> Da zog ich manche Stunde
> Ins Tal hinaus.

Dieses populäre Lied hat Wilhelm Ganzhorn Mitte des 19. Jahrhunderts gedichtet. Er war Jurist, aber eben auch Lyriker – diese interessante Kombination kommt immer mal wieder vor. In der ersten Zeile des Liedes schwingt noch die alte Vorstellung von Heimat als Haus und Besitz mit. Aber dann weitet sich die Vorstellung auf die ganze Landschaft, auf Tal, Bächlein, Blumen und Vögel. In der vorletzten der dreizehn Strophen werden dann die Naturbilder noch mit religiösen Gefühlen überhöht, wenn der Dichter den «letzten Gang» auf den heimatlichen Friedhof beschreibt. Da zeigt sich auch die Flexibilität und Schmiegsamkeit des Heimatbegriffs – und nur so konnte er bis in die Gegenwart überdauern.

Die große Popularität des Liedes und die generelle Gültigkeit des darin entworfenen Heimatbildes zeigen sich auch darin, dass es mehrere Ortschaften gibt, die von sich behaupten, der «schönste Wiesengrund» sei von Wilhelm Ganzhorn bei ihnen entdeckt worden. Der Jurist ist in Böblingen geboren, in Sindelfingen aufgewachsen, studierte in Tübingen und Heidelberg – und wurde als Beamter immer wieder versetzt: Stuttgart, Esslingen, Backnang, Neuenbürg, Aalen, Cannstatt und so weiter. Überall dort soll der «schönste Wiesengrund» vom Dichter des Liedes entdeckt worden sein. Am wahrscheinlichsten als realer Ort, den Wilhelm Ganzhorn vor Augen hatte, gilt das kleine Dorf Conweiler bei Neuenbürg, wo er relativ lange lebte. Aber auch meine eigene Heimat Aalen beruft sich darauf, dass das Lied im dortigen Hirschbachtal entstanden sei.

Für dieses 19. Jahrhundert wird oftmals vergessen, dass gerade das heutige Baden-Württemberg ein Auswanderungsland war. Viele Menschen mussten ihre

Heimat verlassen, entweder aus politischen Gründen oder aber vor allem aus der schieren wirtschaftlichen Not heraus. War der Heimatverlust hier im Südwesten gewissermaßen eine kollektive Erfahrung?

BAUSINGER: Ja, für viele Regionen trifft das sicherlich zu, wenn es auch nicht überall gleich war. Fast durchgängig galt es für das alte Herzogtum Württemberg. Das hat auch etwas mit den Erbsitten zu tun. Im protestantischen Altwürttemberg herrschte die sogenannte Realteilung, das heißt, dass das Erbe gleichmäßig unter allen Kindern – richtiger unter allen Söhnen – verteilt wurde und damit natürlich über die Generationen hinweg immer kleiner wurde, bis die Menschen von ihren «Handtuchfeldern» nicht mehr leben konnten. Deshalb kam es hier immer wieder zu starken Auswanderungsbewegungen.

Aber auch das katholische Oberschwaben blieb nicht verschont, obwohl hier mit dem Anerbenrecht die geschlossene Vererbung des Besitzes an den ältesten Sohn die vorherrschende Erbsitte war. Dies hatte zur Folge, dass die jüngeren Geschwister oftmals auch heimatlos waren. Dafür gibt es im Oberschwäbischen den Spruch, dass der «Älteste die Heimat kriegt». Bei den jüngeren Söhnen war es gang und gäbe zu sagen, sie «gehen ihrer Heimat zur Leich», wenn der älteste Bruder heiratete und damit auch den Hof übernahm. Auf die himmlische Heimat konnte sich jeder berufen. Auch die Zugehörigkeit zu einem Landstrich wurde kaum in Frage gestellt. Aber wenn die Heimat ganz konkret wurde, gehörte sie eben doch nicht jedem. Ein Teil der Bauernkinder verlor also die Heimat mit der Hofübernahme des ältesten Sohnes. Zwar fanden dann gerade in den katholischen Gegenden manche der jüngeren Söhne Unterschlupf bei der Kirche oder sie wurden Lehrer, aber viele wurden praktisch zu Knechten oder sind eben ausgewandert, um sich in der Fremde ein neues Auskommen zu schaffen.

Wir haben in der deutschen Sprache eine ganze Fülle von Begriffen, die mit Heimat zusammenhängen: Heimatland, Heimatlied, Heimatfilm, Heimatbuch, Heimatmuseum, Heimatpflege, Heimatverein und so weiter ...

BAUSINGER: Bei vielen dieser Begriffe ist ja Heimat immer in der Nähe der Kitschecke verortet. Auch wenn es sich inzwischen durch alternative und progressive Heimatfilme ein wenig verändert hat, beim Heimatfilm denken wir immer noch an die Filme, die vor allem in der unmittelbaren Nachkriegszeit eine große Konjunktur hatten. «Grün ist die Heide» (1951) oder «Der Förster vom Silberwald» (1954) – da geht es um lokale Autoritäten wie Bürgermeister, Pfarrer oder Gastwirte, und es geht um dramatische Schicksale, wobei Gut und Böse immer fein säuberlich getrennt sind – und das alles vor der Kulisse monumental-idyllischer Landschaften. Das sollte in diesen schweren Zeiten nach 1945 Halt geben und ein Gegenbild schaffen zu den sozialen Folgen des Krieges. Heimatfilme waren die kurze Reise in eine heile Welt. Das wurde von der Bevölkerung dankbar angenommen, ähnlich wie die Heimatromane dieser Zeit, die in millionenfacher Auflage am Kiosk verkauft wurden.

Das Wort Heimat scheint so deutsch zu sein, dass viele Deutsche denken, Heimat gebe es nur in ihrer Sprache. Ist dieser Anspruch auf das Alleinstellungsmerkmal «Heimat» nur Ausdruck deutscher Borniertheit?

BAUSINGER: Zur Übersetzbarkeit des Begriffs Heimat: Ich glaube, es gibt keinen Bundespräsidenten in der deutschen Geschichte, der nicht gesagt hat, das deutsche Wort Heimat könne man nicht übersetzen. Ich halte es für falsch, Heimat als unübersetzbaren Begriff zu bezeichnen. Tatsache ist, dass mit dem Begriff Emotionen, Gedanken und auch Ideologien verbunden sind, die es anderswo so nicht gibt. Aber wenn man sich genauer mit Sprache auseinandersetzt, dann merkt man, dass das gar nicht so ungewöhnlich ist. Ein deutscher *Platz* ist beispielsweise etwas ganz anderes als eine italienische *piazza*. Man kann solche emotionalen Unterschiede von Begrifflichkeiten mit vielen Beispielen belegen. Das heißt, es gibt natürlich Übersetzungen von solchen Wörtern, aber die haben eben nicht die gleiche Reichweite und sind anders ausdifferenziert als der deutsche Heimatbegriff. Aber es gibt wahrscheinlich in jeder Sprache Wörter, um Ähnliches auszudrücken.

Es ist auch gar nicht so, dass solche Begriffe in anderen Sprachen nicht gebraucht werden: *patrie, pays d'origine; home, native country; patria, paese natale* – um nur ein paar aus der europäischen Nachbarschaft zu nennen. Auch diese Wörter sind zum Teil sehr emotional behaftet. Die Annahme der Einmaligkeit von Heimat muss nicht pauschal deutscher Borniertheit zugewiesen werden; es gibt sie vermutlich auch im Ausland, und sie drückt zunächst einfach gesteigerte Wertschätzung aus.

Frau Aras, gibt es auch im Türkischen ein Wort, das unserem Heimatbegriff nahe kommt oder sich sogar eins zu eins übersetzen lässt?

ARAS: Ja, Heimat ist im Türkischen zum einen *memleket*. Das Wort ist mit viel Emotion verbunden. Wenn ich selbst an *memleket* denke, dann kommen bei mir alte Erinnerungen an meine Kindheit hoch, an die Landschaft und die Musik Anatoliens. Eine Freundin schrieb mir zum Beispiel kürzlich, sie gehe nach vierzig Jahren wieder einmal in ihre Heimat, deshalb springe ihr Herz vor Freude. In diesem Zusammenhang benutzte sie für Heimat das Wort *memleket*. In der Türkei gibt es auch viele Lieder, die melancholisch sind oder Sehnsucht ausdrücken. Darin kommt dann immer *memleket* vor. Ein anderes Wort hingegen – *vatan* – geht eher in Richtung Land und ist weniger emotional. Und schließlich gibt es noch das Wort *anavatan*. Das ist dann das Mutterland, das aber eher auch die nationalen Grenzen meint, während *memleket* viel weicher, gefühlvoller und emotionaler ist.

BAUSINGER: Bis zu einem gewissen Grad gilt das bei uns ja auch. Der Begriff Heimat ist ja auch viel weicher als der Begriff Vaterland.

«Heimat ist im Türkischen ‹memleket› – mit dem Wort ist viel Emotion verbunden.»

Heimat und Vaterland, das kann man sich auch wie konzentrische Kreise vorstellen. Heimat ist der engere Kreis, die Heimatstadt oder Heimatregion, während das Vaterland dann eher die größere Nation bezeichnet.

BAUSINGER: Ja, in diesem Zusammenhang hat Heimat sowohl mit Weite als auch mit Enge zu tun. *My home is my castle* – da ist Heimat ganz eng gefasst, in der nächsten Nachbarschaft. Immer wieder wird ja gesagt, wir müssten den Heimatbegriff wegbringen vom Vaterland. Das ist eine berechtigte Forderung, wenn bei Heimat an Abstammungsgemein-

schaft gedacht wird. Aber eigentlich kann der Heimatbegriff auch heilsam sein für die größere Orientierung, weil Heimat eben mit Emotionen behaftet
und sensibler ist als politische Begriffe wie Staat
oder Nation. Darin sehe ich übrigens eine zumindest
begrenzte Möglichkeit, die Begriffe Nation und Europa in eine vernünftige Beziehung zu bringen.
Wenn wir den Heimatbegriff noch stärker auf die
Nation beziehen, dann wird auch deutlich, dass die
Nation keine starre oder unanfechtbare Kategorie
ist. Dann haben wir tatsächlich diese Anordnung in
Form konzentrischer Kreise: Heimat in der engsten
Umgebung, aber eben auch in langsam sich auswei-
tenden Kreisen über die Nation bis hin zu Europa.

ARAS: Das ist ein wichtiger Gedanke, denn Europa
kann nur in der Vielfalt gestaltet werden, aus einem
regionalen oder auch nationalen Bewusstsein heraus, das aber offen ist für die europäische Integration
und für Solidarität. Das schließt nationalistische
Tendenzen aus. Leider waren die Begriffe Heimat
und Vaterland aber in Deutschland lange Zeit nationalistisch aufgeladen – das wirkt an manchen Stellen immer noch nach.

BAUSINGER: Ja, das ist eine der Bedeutungs-
schichten des Begriffs. Ganzhorns Lied «Im schöns-

ten Wiesengrunde» scheint ja auf den ersten Blick ganz und gar unpolitisch zu sein. Aber es zeigt ein Stück weit, wie der Heimatbegriff im 19. Jahrhundert modelliert wurde. Seine politische Funktion hatte er eben in seiner scheinbar unpolitischen Ausrichtung. Heimat diente der Befriedung, war der Versuch der Versöhnung von sozialen Gegensätzen. Während sich in der sozialen Realität dramatische Veränderungen abspielten, verwies das Bild des Heimatlichen die Menschen auf das Dauernde in der Natur, auf das Stabile und scheinbar ewig Gültige.

Aber parallel dazu war Heimat auch ein politisches Beschwichtigungsangebot. Denn mit dem Heimatbegriff war auch die nationale Beschwörung des gemeinsamen Vaterlandes verbunden. Als viele Menschen im Zuge der Industrialisierung die Bindung an einen einzelnen Ort verloren, sollten dennoch alle eine Heimat haben – im Sinne von Vaterland. Diese nationalen Vorstellungen von Heimat, von einer *imagined community,* wie es der Historiker und Nationalismusforscher Benedict Anderson auf den Begriff gebracht hat, konnten eine große Wucht entfalten und dann auch rasch eine aggressive Qualität annehmen. Regionales Bewusstsein oder partikulares Heimatgefühl wurden national überhöht. Ausdruck gegeben wurde dieser Überhöhung in zahllosen Denkmälern, die in den Jahrzehnten nach der Gründung des Deutschen Reiches 1870/71 errichtet wurden.

In dieser Zeit entstand auch die Heimatbewegung im engeren Sinne, mit der Gründung von Heimatvereinigungen und Heimatbünden, mit der Heimatkunde als Schulfach oder mit den Heimatmuseen, die es in fast jedem Dorf gab. Heimat war nun nicht mehr nur schöne und unberührte Natur, sondern Ausdruck von ländlicher Lebenswelt und Stadtfeindschaft. Hier wurde dann oftmals auch das Idealbild eines bodenverwurzelten «Herrenmenschen» gezeichnet, das den politischen Zielen der Zeit in die Karten spielte. Das hatte einen militaristischen und imperialistischen Zug und vermittelte damit auch ein sehr funktionales Menschenbild, das nicht zuletzt der neuen Kolonialmacht Deutschland zupass kam.

Aber man darf auch hier nicht nur schwarz-weiß malen. Denn Heimat diente auch dazu, den zentralistischen Tendenzen des Kaiserreichs etwas entgegenzustellen. Heimat bot auch eine Kompensationsmöglichkeit, indem mit ihr partikulare Ansprüche zur Geltung gebracht werden konnten. Da wären wir wieder bei den konzentrischen Kreisen. Man sprach damals etwa von der «engeren Heimat», wenn man zum Beispiel Württemberg meinte, und von der «weiteren Heimat», wenn Deutschland gemeint war. Das konnte föderalistisch gemeint sein, aber die Grundtendenz war auf jeden Fall konservativ: Heimat als Antwort auf rasche und tiefgreifende Veränderungen; Heimat aber auch als der Versuch, Tradition gegen Wandel zu stellen. Das war alles höchst politisch, auch wenn Heimat dabei oft auf das Kulturelle reduziert wurde, weil man gerade hier das Regionale stärken konnte – generell mit dem Ländlichen, aber auch mit einzelnen Kulturelementen wie Fachwerkhäusern, alten Bräuchen oder Trachten. Hier bildete sich eine Tendenz heraus, bei der Heimat zur friedvollen Kulisse wurde, hinter der sich aber ganz anderes abspielte.

ARAS: Aber wenn ich es recht sehe, haben bei dieser nationalen Überhöhung des Heimatbegriffs nicht alle mitgemacht. Es gab doch bestimmt auch Abwehrbewegungen?

BAUSINGER: Ja, sicherlich, zum Beispiel die «heimatlose» Arbeiterbewegung. Vor allem die organisierte Arbeiterschaft nahm dieses bürgerliche Deutungsangebot von Heimat nicht oder nur begrenzt an. Der preußische Politiker Johann Jacoby, ein stark von Immanuel Kant beeinflusster Radikaldemokrat, schrieb 1870:

Das Wort «Vaterland», das Ihr im Munde führet, hat keinen Zauber für uns; Vaterland in Eurem Sinne ist uns ein überwundener Standpunkt, ein reaktionärer, kulturfeindlicher Begriff; die Menschheit lässt sich nicht in nationale Grenzen einsperren; unsere Heimat ist die Welt – ubi bene, ibi patria – wo es uns wohlgeht, das heißt, wo wir Menschen sein können, ist unser Vaterland!

Als der deutsche Kaiser 1895 von den Sozialdemokraten als «vaterlandslosen Gesellen» sprach, reagierte er damit auch auf die Weigerung eines Großteils der Arbeiterschaft, das Bild vom Vaterland als Heimat zu akzeptieren. «Ihr selbst habt uns vaterlandslos gemacht», schrieb Jacoby, und meinte damit die tatsächliche «Deplatzierung» der Arbeitermassen als Folge der Industrialisierung. Im Übrigen ist es kein Wunder, dass schon Wilhelm Heinrich Riehl, der führende Publizist des deutschen Bürgertums mit viel Einfluss auf die zeitgenössische Volkskunde, 1851 das böse Wort der Vaterlandslosigkeit auf die Proletarier münzte.

Für viele dieser Proletarier war nicht das nationalistisch überhöhte Vaterland, sondern die Arbeiterbewegung zur Heimat geworden – zu einer mobilen, ideellen Heimat gewissermaßen. «Von der Wiege bis zur Bahre» war das berühmte Motto der Sozialdemokratie, die sich als Solidargemeinschaft umfassend und unabhängig vom konkreten Ort um ihre Mitglieder kümmerte. Das war eine klare Gegenposition zum gängigen Heimatbegriff – nicht an die Geographic gcbunden, sondern an die Zugehörigkeit zu einer Gruppe von Menschen. Heimat also als Solidarität, als zukunftsweisende Aufgabe, und nicht als unvergängliche natürliche Gegebenheit.

Auf dem national aufgeladenen Heimatbegriff konnte dann der Nationalsozialismus aufbauen?

BAUSINGER: Ja, dieser Ideologiegehalt des Begriffs blieb abrufbar, wiederbelebbar – und er konnte noch radikalisiert werden. Von den Nationalsozialisten und ihren gedanklichen Vorläufern konnte er mit einer massiven Blut- und Bodengläubigkeit gefüllt werden. Über ehemals scheinbar unpolitische Inhalte wie Heimat wurden militant-nationalistische und rassistische Ideologien vermittelt. Aber Vorsicht, das war nicht frei von Widersprüchen! Hier kommen erneut die konzentrischen Kreise ins Spiel, denn Heimat konnte auch im alles zentralisierenden NS-Staat ein zentrifugales Element sein, das sich dann gegen «Gleichschaltung» und zentrale Steuerung wenden konnte. Natürlich appellierten die Nationalsozialisten an alte organische Vorstellungen von Gauen und Stämmen im Reich, immer mit rassistischen Gedanken unterlegt, aber es blieben Bedenken. Der Heimatbegriff konnte durchaus auch quer zur nationalsozialistischen Ideologie liegen, weil Heimat eigentlich mit imperialistischen Vorstellungen nicht wirklich verbunden werden kann. Das ganze Gefühl, das sich mit Heimat verbindet, widerspricht einem machtpolitischen Anspruch. Im Übrigen ist es ja so, dass sich NS-Größen wie Hitler, Himmler oder Goebbels sogar lustig gemacht haben über bestimmte «Heimatfritzen», wie sie sie gesehen haben. Die hätten, so die NS-Größen, die germanische Frühgeschichte und die Heldenepen erforscht, seien letztlich aber Feiglinge. Das belegt, dass es Hitler nicht um Heimat oder Geschichte ging, sondern um die zukünftige Gestaltung seines Weltreichs.

Viele Menschen sind aufgrund dieser historischen Belastung des Wortes der Meinung, Heimat sei auch weiterhin ein toxischer Begriff, der für Intoleranz und Engstirnigkeit stehe und den man besser nicht in den Mund nehmen sollte.

ARAS: Es kommt darauf an, ob man den Heimatbegriff ohne nationalistische Grundierung verwendet, oder ob man Vorstellungen und Wünsche hineinlegt, die im Grunde heimatfremd sind. Ich selbst habe überhaupt kein Problem mit dem Wort Heimat, weil es für mich positiv besetzt ist. Ich verstehe Heimat nicht als ausgrenzend im Sinne von «wir» gegen «die». Ganz im Gegenteil: Wir sollten uns dieser Debatte um den Begriff Heimat auf jeden Fall offensiv stellen. Ich wehre mich massiv dagegen, den Begriff den Fremdenfeinden zu überlassen. Wir sollten Heimat vielmehr als einladend interpretieren und zum Beispiel betonen, dass jeder, der unsere Werte teilt und sich auf dem Boden unserer Verfassung bewegt, hier eine Heimat finden, sich hier zugehörig fühlen und ein vollwertiges Mitglied unserer Gesellschaft werden kann. Dieser Heimatbegriff ist dann offen und integrativ – und dabei ist es auch völlig egal, ob die Vorfahren in Stuttgart oder sonst irgendwo geboren sind. Ich selbst habe keinerlei Angst vor dieser Heimatdebatte, und ich finde es auch falsch, zu sagen, weil es fremdenfeindliche Gruppierungen gibt, die Heimat als ausgrenzenden Kampfbegriff benutzen, dürfen wir ihn nicht in den Mund nehmen. Denn damit würden wir dieses schöne und emotionale Wort den Spaltern der Gesellschaft überlassen.

Übrigens ist das auch genau der Grund, warum ich Anfang der Neunzigerjahre begonnen habe, mich politisch zu engagieren. Damals gab es in Deutschland furchtbare fremdenfeindliche Anschläge gegen Migranten. Häuser wurden angezündet und Menschen getötet. Zunächst hatte ich damals Angst und schränkte mich persönlich ein. Ich ging abends zum Beispiel nicht mehr aus dem Haus. Aber dann wurde mir rasch klar, dass es das nicht sein kann. Ich wollte mir von fremdenfeindlichen Kräften und Rechtsextremen dieses Land nicht kaputtmachen lassen, das längst auch zu meiner Heimat geworden war. Dagegen wollte ich mich wehren und Widerstand leisten. Und ich sagte mir, wenn Heimat, dann richtig Heimat! Dann musst du dich auch einbringen, dich engagieren, Verantwortung übernehmen und in dieser Gesellschaft etwas verändern. Das war meine Motivation, in die Politik zu gehen – und daher kämpfe ich auch heute, 25 Jahre später, erneut dafür, dass dieses Land und der Heimatbegriff nicht den Rassisten überlassen werden. Also: Wir müssen diese Debatte führen und wir müssen den Heimatbegriff positiv besetzen, weil er eben nicht nationalistisch und ausgrenzend ist, sondern integrativ.

BAUSINGER: Der Umgang mit ausländischen Arbeitsmigranten oder generell mit «Fremden» scheint mir sogar eine Art Lackmustest für das Verständnis von Heimat zu sein. Ein Heimatbegriff, der Migranten keinen Platz einräumt, greift zu kurz, auch wenn er sich noch so sehr mit historischen Traditionen und Requisiten drapiert. Hinter dem Heimatbegriff steckt ja auch die Idee, menschenwürdige Verhältnisse für alle zu schaffen.

Im Duden gab es das Wort Heimat lange Zeit nur im Singular. Seit ein paar Jahren gibt es dort nun aber auch «die Heimaten». Muss man von Heimat auch im Plural reden?

BAUSINGER: Ja, denn sonst müsste man die Tatsache, dass Menschen mehrere Heimaten haben können, umständlich umschreiben. In ganz ausgeprägter Form gilt das natürlich für alle Zugewanderten, vor allem für solche, die aus einer kulturell anderen Region kommen. Da ist es doch ganz normal, dass zwischen alter und neuer Heimat unterschieden wird oder dass von zwei Heimaten die Rede ist. Aber gleichermaßen gilt das doch auch für die Einheimischen, die immer häufiger ihre Arbeitsplätze wechseln und dann gezwungen sind, sich eine neue Heimat aufzubauen. Wir sehen das übrigens auch im Freizeitbereich. Es gibt viele Menschen, die sagen, ihre zweite Heimat sei der Campingplatz in Italien oder das Ferienhaus auf Mallorca – und die empfinden das auch wirklich so!

Und Sie, Frau Aras? Haben Sie eine oder mehrere Heimaten?

ARAS: Ganz klar: Meine Heimat ist Stuttgart. Das ist eine bewusste Entscheidung. Natürlich habe ich auch meine Kindheitsprägungen, das Kurdische, das Türkische, das gehört natürlich zu mir. Jeder Mensch hat viele Facetten, und ich will das auch gar nicht ablegen oder gar leugnen. Aber so richtig zugehörig in dem Sinne, dass ich die Werte teile, fühle ich mich nur in Deutschland. Wir sollten den Menschen aber schon zugestehen, dass man eben mehrere Heimaten haben kann. Wir sollten auch mehr Lockerheit in diese Themen bringen und unverkrampfter damit umgehen. Es ist schon auffallend, dass Zuwanderern oft das Recht auf zwei Heimaten abgesprochen wird. Wenn aber zum Beispiel ein Publikumsliebling wie Jürgen Klinsmann in den USA lebt und weiterhin Stuttgart als seine Heimat bezeichnet, dann finden es alle toll, dass er zwei Heimaten hat und auch in Kalifornien ein Schwabe geblieben ist. Ich finde das auch gut, aber bei uns wird von Zugewanderten oftmals erwartet, dass sie ihre Herkunft verleugnen, um hier eine echte Chance zu bekommen.

BAUSINGER: Ich denke, dass vor allem auch junge Menschen heute viel entspannter mit diesem Thema umgehen. Sie sind oftmals global unterwegs, leben in Sachen Musik oder Lifestyle eine globale Kultur, nehmen viele Einflüsse und Erfahrungen auf, und gleichzeitig wissen sie doch auch, wo ihre Heimat ist – oder eben auch ihre Heimaten. Insgesamt sehe ich da eine große Offenheit und wenig Abschottungstendenzen. Die bewusste Verteidigung der eigenen Kultur oder das bewusste Einstehen dafür ist oftmals eher ein Problem derer, die das als Außenstehende beobachten. Als etwa die «Gastarbeiter» zu uns kamen, sagten viele Einheimische, denen gehe es ja gut und außerdem brächten die ja auch Caprese, Tsatsiki, Döner und anderes mit. Da wurde Kultur also auf Kleinigkeiten oder auf Kulinarisches reduziert, auf das, was man dann als Aufnahmegesellschaft irgendwann selbst als positiv erachten konnte. Dabei wird oft übersehen, dass es ganz normal ist, dass alle Zuwanderergruppen ihre eigene Kultur mitbringen, leben und auch dafür einstehen. Das ist doch bei allen kulturellen Gruppierungen so – auch bei den Deutschen, wenn sie ins Ausland ziehen.

ARAS: Ich bin vor allem auch für die Zukunft recht positiv gestimmt, denn viele Befragungen wie zum Beispiel die Shell-Studie sagen uns doch, dass fremdenfeindliche Einstellungen in der jungen Generation weniger stark verbreitet sind als beispielsweise in der mittleren Generation. Das hat sicherlich viele Gründe, aber einer davon ist, dass Kinder und Jugendliche heute ganz selbstverständlich in multikulturellen Gruppen aufwachsen – ob in der Schule oder im Verein. Da werden Vielfalt und buntes Miteinander von unterschiedlichen Kulturen längst schon als Normalität empfunden und gelebt.

In den Fünfzigerjahren war Heimat «en vogue», in den Sechziger- und Siebzigerjahren war der Begriff eher verpönt, es herrschten Wachstums- und Planungseuphorie. In den Achtzigerjahren kam dann die Renaissance der Heimat. Damals erreichte die Bundesrepublik eine erste große Welle des Strukturwandels und der Globalisierung. Es herrschte politische und ökonomische Verunsicherung: Massenarbeitsarbeitslosigkeit, Kalter Krieg, Nachrüstungsdebatte und Waldsterben. Heute ist Heimat wieder in aller Munde. Auch junge Menschen hängen sich wieder Hirschgeweihe an die Wand, machen es sich auf ihrem Flokati-Teppich gemütlich und abonnieren die «Landlust». Sehen Sie beim aktuellen Heimatboom Parallelen zur Situation in den Achtzigerjahren?

BAUSINGER: Ja, in den Fünfzigerjahren hatte die Konjunktur der Heimat vor allem auch mit den deutschsprachigen Zuwanderern zu tun, die aus den sogenannten «Ostgebieten» kamen – hier in Baden-Württemberg vor allem aus dem südosteuropäischen Raum. Sie wurden alle generalisierend Donauschwaben genannt, egal wo sie herkamen. Dabei ist interessant zu sehen, dass die aktuellen Diskussionen über Zuwanderung und Integration schon damals geführt wurden. Die Einheimischen bezeichneten die Zuwanderer abwertend als Flüchtlinge, sie selbst nannten sich Heimatvertriebene – man beachte das emotional aufgeladene Wort! In der Bundesrepublik wurden sie von Staats wegen als «Neubürger» bezeichnet, in der DDR nannte man sie verharmlosend «Umsiedler». Als seien die Flüchtlinge freiwillig gekommen! Man sieht hier sehr gut, wie mit Worten Politik gemacht wurde und Emotionen bedient wurden.

Die Flüchtlinge und Vertriebenen selbst wehrten sich übrigens immer massiv gegen den Vergleich mit den «Gastarbeitern». Sie wollten zum Beispiel auch nicht als Migranten bezeichnet werden. Aber im Grunde genommen gibt es eine ganze Reihe von Beobachtungen, die man damals machte und die ohne weiteres übertragbar sind. Diskriminierung und Abwertung mussten auch die damaligen deutschstämmigen Flüchtlinge erleben. Es gibt Berichte über «Wandergeschichten», die in der einheimischen Bevölkerung herumgingen, wonach die Flüchtlingsfamilien ein Schwein in der Badewanne halten würden, um ihre Ernährungssituation aufzubessern. Das mag vielleicht tatsächlich ein oder zwei Mal vorgekommen sein, aber entscheidend ist doch, dass so etwas dann überall erzählt und damit einer ganzen Bevölkerungsgruppe zugeschrieben wurde. Oder ein anderes Beispiel: Die Einheimischen machten sich lustig über die Flüchtlinge und erzählten sich, der Mond sei auch ein Heimatvertriebener – der habe nämlich auch einen Hof. Zur Erklärung: Nach Meinung der Einheimischen haben viele Flüchtlinge zu Unrecht behauptet, sie hätten in der alten Heimat einen großen Bauernhof gehabt, um sich entweder im sozialen Ansehen selbst aufzuwerten, oder aber um im Rahmen des Lastenausgleichs etwas «herausschinden» zu wollen, was ihnen vermeintlich nicht zustand. Wir sehen also: Abwehrhaltungen und Abwertungen gegen – vermeintlich – Fremde gab es auch damals schon.

Auch die Parallelen zwischen den Achtzigerjahren und der aktuellen Situation liegen auf der Hand. Man muss allerdings sehen, dass die Heimatkonjunkturen zwei grundverschiedene Tendenzen haben. Auf der einen Seite war es damals so etwas wie die Rückgewinnung von Gemütlichkeit in einer Welt, die sehr ungemütlich zu werden drohte. Aber dabei herrschte eine überwiegend passive Haltung vor, wenn man etwa an Sprüche denkt wie «Wir lassen uns unsere Heimat nicht verderben». Da schwang sehr viel von dem mit, was ich früher schon die Kulissenheimat genannt habe. Man bezog sich dabei oftmals nicht auf das gesamte Ensemble einer Stadt oder eines Dorfes, sondern auf einzelne Fachwerkhäuser. Das war auch die Zeit, wo Heimatlieder und Heimatfeste wieder aktuell wurden.

Man darf allerdings die Heimatseligkeit der damaligen jüngeren Generation nicht überschätzen. Wenn in einer Studentenbude ein Hirschgeweih hing, konnte man davon ausgehen, dass es sich um eine ironische Demonstration handelte. Damals ist in den Umgang mit Heimat und Heimatreliquien eine gewisse Lockerheit eingezogen, die vor allem auch deutlich machte, dass man mit den dubiosen Überhöhungen von früher nichts mehr zu tun haben wollte.

Auf der anderen Seite zeigte sich die gegenläufige Tendenz, nämlich Heimat nicht durch Passivität und durch Relativierung retten, sondern ganz bewusst formen und gestalten zu wollen. Heimat wurde nun zur Aufgabe, und die war verbunden mit politischer Intervention, die oftmals reiner Widerstand war und von staatlicher Seite auch bekämpft wurde. Denken wir nur an die Proteste gegen das Atomkraftwerk

Wyhl in den Siebzigerjahren. Da formierte sich eigentlich zum ersten Mal dieser Widerstand – und der war sehr stark mit dem Begriff Heimat verbunden, die man sich nicht verschandeln oder nehmen lassen wollte. Die Protestierenden beriefen sich auf ihre Heimat, und es entstanden neue Heimatlieder, etwa die des bekannten Liedermachers Walter Mossmann, der dann auch immer wieder historische Anleihen beispielsweise beim Bauernkrieg suchte. Manches dabei war auch recht provinziell. Wenn etwa im südbadischen Wyhl die Bereitschaftspolizei aus Göppingen anrückte, dann hieß es, «die Schwaben kommen». Heimat, Regionalbewusstsein und Politik verbanden sich hier zu einem Protest, der dann schließlich auch erfolgreich war.

ARAS: Ja, und das Schöne dabei war, dass alle Gesellschaftsschichten dabei waren: Intellektuelle und Studenten aus Freiburg, aber auch konservative Landwirte, Winzer und Fischer mit ihren Frauen und Familien aus der Region um den Kaiserstuhl – und alle wollten zusammen ihre Heimat vor den Folgen der Atomkraft retten.

BAUSINGER: Das war wichtig, nicht zuletzt auch für die Gründung der Grünen im Land. Dennoch möchte ich das gerne trennen von einem gewissen «Heimatgetue», das in dieser Zeit auch um sich griff. Denken wir nur an die Heimattage, die damals aufkamen. Wenn dann ein Heimatdichter in Heimatsprache eine Heimatrede hielt und es hinterher einen Heimatumzug gab, dann war mir persönlich das zu viel. Da konnte ich nur sagen: «Oh Heimatland!»

Aber es gibt ja auch Heimatdichter wie Thaddäus Troll, die nicht nur Rückwärtsgewandtes, sondern auch Positives geleistet haben.

BAUSINGER: Ja, so einer wie Thaddäus Troll hat unsere Heimat vor allem auch humoristisch durchlüftet, indem er zum Beispiel die ganzen Schwächen der Schwaben offenlegte und dafür sorgte, dass sie über ihre eigenen Besonderheiten lachen konnten. Er machte sich zum Beispiel lustig über die politische Unbeweglichkeit, die dafür sorgte, dass in manchen Regionen Wahlergebnisse vorhersehbar und unverändert blieben. Aber seine satirischen Spitzen zielten auch auf die alltägliche Lebensart. Die ironische Grundhaltung war deshalb wichtig, weil der – berechtigte oder unberechtigte – Stolz auf den eigenen Charakter leicht zur distanzierenden Abwertung anderer Heimatregionen und zur Ablehnung der Traditionen von Zuwanderern führen kann. Es heißt zwar, der deutsche Südwesten sei in seiner Bescheidenheit frei von dieser Tendenz, aber oft wird hier die Bescheidenheit recht unbescheiden gerühmt.

Heute leben wir, ähnlich wie in den Achtzigerjahren, wieder in Zeiten des Umbruchs. Viele Menschen fühlen sich verunsichert angesichts von Globalisierung, Digitalisierung, demographischem Wandel und scheinbar schwindenden Werten. Jüngst gab es zum Beispiel eine Umfrage des Allensbach-Instituts, bei der gefragt wurde, wodurch die Menschen ihre Heimat am stärksten bedroht sähen. Interessanterweise wurde an erster Stelle nicht die Zuwanderung von Fremden genannt, sondern der Verlust von alteingesessenen Geschäften vor Ort. Das heißt, unsere Gesellschaft, aber auch das konkrete Leben unmittelbar vor Ort verändern sich. Ist auch deshalb Heimat wieder in aller Munde? Die Bundesregierung hat sogar ein Heimatministerium geschaffen ...

ARAS: Ja, Heimat ist wieder in aller Munde, weil sie viel mit Emotionen zu tun hat. Wenn man sich unsicher fühlt, dann sucht man sich einen Anker, der einem Halt und Sicherheit zu geben verspricht. Heimat kann dann, egal wie man den Begriff füllt, Sicherheit geben. Oftmals geht es darum, sich zugehörig zu fühlen, anerkannt und akzeptiert zu werden. Ob dabei ein Heimatministerium wirklich weiterhilft, bezweifle ich stark. Ein Ministerium ist Teil einer Verwaltung und kann nicht Gefühle verordnen. Das ist doch viel eher Symbolpolitik. Heimat aber muss von den Menschen in ihrem unmittelbaren Umfeld selbst geschaffen und gelebt werden.

Heimat hat also vor allem mit Alltag zu tun?

BAUSINGER: Ja, Heimat ist letztlich das Gefühl der Übereinstimmung mit der kleinen eigenen Welt. Nur dort, wo diese Übereinstimmung möglich ist, kann es auch Heimat geben. Da, wo sich Menschen ihrer Umgebung nicht mehr sicher sind, wo sie ständig Irritationen unterschiedlichster Art ausgesetzt sind, wird Heimat zerstört. Diese Irritationen können ein Ausmaß und eine Frequenz erreichen, die zur Folge haben, dass Menschen diese Heimatzerstörung resigniert über sich ergehen lassen. Sie können aber auch zur Folge haben, dass sie sich dagegen wehren und aktiv versuchen, ihre Heimat zu retten oder neu zu schaffen. Heimat besteht also auch aus der Möglichkeit, sich in einem bekannten Kreis oder Umfeld zu verwirklichen. Das ist ein aktives Heimatverständnis, bei dem sich Heimatgefühl und aktive Verantwortung keinesfalls ausschließen, so wie sich Heimat und eine offene Gesellschaft nicht ausschließen. Heimat zu leben kann also auch heißen, sich sein Umfeld gemeinsam mit anderen anzueignen und zu gestalten – als selbst mitgeschaffene kleine Welt, die Verhaltenssicherheit gibt.

Heimat ist dann nicht mehr passives Gefühl, sondern Medium und Ziel aktiver Auseinandersetzung. Damit löst sich dann im Übrigen auch der Gegensatz zwischen Stadt und Land auf. Heimat wird dann nicht mehr nur ländlich-idyllisch assoziiert, sondern wird auch zur urbanen Möglichkeit. Sie hat dann sehr viel mit Alltag und alltäglichen Lebensmöglichkeiten zu tun, aber auch mit Interventionsfähigkeit. Ein Beispiel: Früher beschäftigten sich Heimatforscher nur wenig mit aktuellen Umweltfragen. Heute tun sie das sehr wohl, weil es auch eine Form der aktiven Aneignung und des Schutzes von Heimat ist.

Das scheint mir schon in den Siebzigerjahren mit der «Grabe-wo-du-stehst-Bewegung» eingesetzt zu haben. Damals begann man sich stärker mit der Geschichte im lokalen Raum und mit seinem unmittelbaren Umfeld zu beschäftigen.

BAUSINGER: Ja, damals gab es beispielsweise in vielen Städten Proteste gegen das, was man Stadtsanierung oder Stadterneuerung nannte. De facto wurden aber oftmals die historischen Innenstädte mit öden Betonbauten verschandelt. Viele Menschen verloren dabei ihre Wohnung – und damit ein wichtiges Stück Heimat. Heute haben wir unter dem Stichwort Gentrifizierung wieder ähnliche Situationen in den Städten. Oder denken wir nur an die Großbauprojekte, die in vielen Städten zu Konflikten führen. Da geht dann immer das interessante Spannungsfeld zwischen dem Sankt-Florians-Prinzip und einem berechtigten Eigenwillen auf. Der Floriansbegriff wird bisweilen als Kampfbegriff eingesetzt, wenn man etwa sagt, diese Egoisten, die wohnen eben dort, aber unsere Bauplanungen sind wichtiger. Da kommt man schnell auf eine sehr glitschige Ebene. Warum soll ich mich, wenn meine Wohnstraße kaputt gemacht wird, nicht dagegen wehren? Die Bauvorhaben werden ja auch immer ausgreifender und nehmen oft immer weniger Rücksicht auf die Menschen vor Ort. Nehmen wir nur das Beispiel «Stuttgart 21». Das mag bedeutend sein für die Magistrale Paris–Bratislava – und schon darüber kann man streiten! Aber ob «Stuttgart 21» für die Menschen in Bad Cannstatt hilfreich ist, steht auf einem anderen Blatt.

Natürlich bezieht sich die aktive Aneignung eines Umfeldes auch nicht nur auf die Gegenwart. Der Heimatbegriff bezieht einen großen Teil seines Gewichts gerade daraus, dass Heimat als etwas Gewordenes verstanden wird. Heimatgeschichte ist also auch Spurensicherung in vertrautem Gelände. Das schließt auch das Finden unschöner Spuren und die aktive Auseinandersetzung damit ein. Gerade die Geschichtswerkstätten der Siebziger- und Achtzigerjahre, die aus dieser Graswurzelbewegung kamen, setzten sich oftmals als erste vor Ort mit der lokalen Geschichte im Nationalsozialismus auseinander und stießen damit nicht selten auf großen Widerstand. Aber das Aushalten und das Aushandeln solcher Widersprüche ist ja gerade ein Teil der aktiven Aneignung von Heimat.

Wenn wir es nochmals auf die Gegenwart beziehen: Unser Alltagsleben ist fast vollständig durchökonomisiert – und vielfach können wir uns dem auch gar nicht entziehen. Ist das Verlust von Heimat?

BAUSINGER: Ja, sicherlich ist das so. Aber das betrifft nicht nur die Ökonomisierung, sondern das gesamte gesellschaftliche Leben, das unglaublich komplex geworden ist. Vielen Menschen geht es ja so, dass sie das Gefühl haben, bei immer mehr Sachverhalten den Durchblick zu verlieren. Vielen stationär Einheimischen ist dadurch auch ihre eigene altvertraute Umgebung fremd geworden. Selbst wenn solche Menschen ihren Wohnort nicht verän-

dern, sind sie gezwungen, sich mit Fremdem ausei-
nanderzusetzen beziehungsweise sich in einer als
fremd empfundenen Umwelt Heimat zu schaffen.
Mit Recht wird immer wieder darauf hingewiesen,
dass die großen Freiheiten und scheinbar unbe-
grenzten Wahlmöglichkeiten, die wir haben, auch zu
großen Unsicherheiten führen können. So besteht
heute immer wieder die Notwendigkeit, sich über
Fragen im Klaren zu werden, die in früheren Gesell-
schaften gar nicht zur Disposition standen. Die früheren Verhältnisse kann man als Einengung verstehen, aber sie bedeuteten eben gleichzeitig auch ein
Stück Sicherheit.

*Als ein gesichertes Ergebnis der Diskussion um den
Heimatbegriff können wir also feststellen: Man kann
das Wort nicht eindeutig definieren.*

BAUSINGER: Wer sich mit so komplexen und vielschichtigen Begriffen wie Heimat beschäftigt, der
muss «Ungleichzeitigkeiten» aushalten. Für den
Heimatbegriff ist ja gerade diese Gemengelage das
Charakteristische, auch wenn man oftmals auf den
ersten Blick gar nicht merkt, dass da ganz verschiedene Vorstellungen zusammentreffen.

Ist Heimat vielleicht nur eine Utopie, um das vielzitierte Wort von Ernst Bloch anzuführen, der Heimat beschrieb als etwas, «worin noch niemand war»?

BAUSINGER: Warum «nur»? Heimat ist ein Sehnsuchts- und Gestaltungsziel, das man anstreben und dem man sich nähern kann und soll; aber das Ideal totaler Übereinstimmung von Mensch und Welt ist unerreichbar, zumal die Welt selber – nach einem anderen Zitat von Bloch – «noch nicht zuhause» ist. Jedenfalls ist Heimat für Bloch kein Schwelgen in tatsächlichen oder vermeintlichen Konstellationen der Vergangenheit, sondern eine Leitspur in die Zukunft. Ernst Bloch gibt keine Navigation vor, aber in dem meist nur mit den vorher angeführten Worten zitierten Schlusssatz seines Werks «Das Prinzip Hoffnung» ist auch von der Begründung «in realer Demokratie» die Rede. Der utopische Charakter von Heimat soll nicht lähmen, sondern Antrieb zum Handeln sein.

Heimat finden und Heimat geben

Herr Bausinger ist seit Jahrzehnten Theoretiker in Sachen Heimat. Sie, Frau Aras, sind Praktikerin in diesem Genre. Sie sind als zwölfjähriges Mädchen nach Deutschland gekommen und standen mit Ihrer Familie vor der Aufgabe, sich eine neue Heimat schaffen zu müssen. Da verlief manches sicherlich eher unbewusst, manches dürfte aber auch mühevoll gewesen sein in diesem aktiven Prozess, sich in einem fremden Land zu orientieren und es sich anzueignen. Was half Ihnen dabei?

ARAS: Als Kind beschäftigt man sich natürlich nicht bewusst mit Heimat. Für mich war damals eigentlich das Schönste, die Kernfamilie als «kleine Heimat» zu erleben. In Anatolien lebten wir als sehr große Familie – rund vierzig Menschen – in einem nicht allzu großen Haus. Jeder Sohn hatte mit seiner eigenen Familie ein Zimmer im Haus, egal ob es zwei, drei oder zehn Kinder waren. Die Männer hatten überhaupt keinen Zugang zu den Kindern. Das lag nicht daran, dass sie es nicht wollten, sondern einfach an den herrschenden Strukturen. Als ich nach Deutschland kam, waren wir das erste Mal aus diesem großen Familienverband herausgelöst. Familie war plötzlich die kleine Kernfamilie in Sielmingen auf den Fildern bei Stuttgart: die Eltern und fünf Kinder. Ich lernte so meinen Vater überhaupt erst richtig kennen und konnte entdecken, wie weich und sensibel er eigentlich war, während meine Mutter schon immer weitaus strenger gewesen war. Insofern war die neue Heimat zunächst einmal eine sehr schöne Erfahrung: Familie, elterliche Liebe, Zuneigung. Das erleichterte uns das Ankommen. Mein Vater war ja schon 1968 nach Deutschland gegangen, ich selbst bin 1966 geboren. Das heißt, bis wir schließlich alle 1978 in Sielmingen vereint waren, konnte ich meinen Vater nur einmal im Jahr sehen, wenn er für sechs Wochen auf Urlaub nach Anatolien kam. Dazwischen gab es kaum Kommunikation, denn telefonieren war kaum möglich, und das Internet gab es ja noch gar nicht.

Von dieser sehr persönlichen familiären Erfahrung abgesehen halfen mir vor allem zwei Umstände: auf der einen Seite die Offenheit meiner Eltern für die deutsche Gesellschaft, auf der anderen Seite die Offenheit der deutschen Gesellschaft für uns. Das erleichterte uns als Zugewanderten das

Einleben sehr. Als Kind ist man ja zum Glück neugierig, egal aus welchem Land man kommt oder welcher Ethnie man angehört. Kinder haben keine Vorurteile; die werden in aller Regel erst über die spätere Sozialisation übertragen – leider manchmal ziemlich schnell. Aber im Prinzip finden Kinder vieles spannend und wollen Dinge einfach testen. Wenn sich also Neugierde mit Unbeschwertheit paart, ist das ein großer Vorteil. In der Schule wiederum wurden wir im wahrsten Sinn des Wortes an die Hand genommen. Wir wussten ja vieles einfach nicht: Wann fängt der Unterricht an? Oder ganz banal: Wo ist welcher Raum im Schulgebäude? Unsere Mitschüler kümmerten sich einfach um uns und zeigten uns alles.

BAUSINGER: Waren Sie das einzige «Gastarbeiterkind» in Ihrer Klasse?

ARAS: Es war eine Grund- und Hauptschule in Sielmingen. Ich war in der Hauptschule, meine jüngeren Brüder in der Grundschule. In meiner eigenen Klasse gab es noch einen türkeistämmigen Schüler, der sogar bei mir im Haus wohnte und der schon ein paar Jahre in Deutschland lebte. Aber der stellte sich auf den Kopf und wollte mir partout nicht helfen. Er war sauer, weil er, als er nach Deutschland gekommen war, zunächst eine Förderschule besuchen musste, während ich, ohne einen Ton Deutsch sprechen zu können, gleich in die reguläre Schule gehen konnte. Deshalb boykottierte er mich gewissermaßen. Erst später entwickelte sich daraus eine nette Freundschaft. Unsere Familien sind sogar heute noch befreundet.

Einerseits wussten wir insgesamt sehr wenig über Deutschland, andererseits waren die deutschen Schulen gar nicht auf Kinder aus Zuwandererfamilien vorbereitet. Es gab für alle «Ausländerkinder» pro Woche zwei, drei Stunden «Stützkurs» im Fach Deutsch. Da wurde uns dann vor allem Grammatik erklärt. Das war es dann aber auch schon in Sachen schulische Integration. Ansonsten wurden wir einfach ins kalte Wasser geschmissen und nahmen am Regelunterricht teil. Ich selbst empfand das eher als positiv, denn wir waren einfach ein Teil der Klasse. Außerdem waren auch die deutschen Kinder offen und ohne Vorurteile. Sie waren einfach auch neugierig auf uns.

Ein Schlüsselerlebnis war meine erste Schulstunde. Ich kam in die fünfte Klasse der Hauptschule und wurde neben die blondgelockte Annette gesetzt. Zunächst verstand ich kein einziges Wort. Aber es war eine Mathestunde, und Mathe konnte ich, weil das Fach weitgehend ohne Sprache funktioniert. Die

Lehrerin schrieb eine Aufgabe an die Tafel, und als Annette sah, dass ich die Aufgabe am Platz gelöst hatte, nahm sie meinen Arm und hob ihn hoch. Offenbar hatte die Lehrerin nach einer Freiwilligen gefragt. Ich durfte die Aufgabe dann an der Tafel vorrechnen. Das war natürlich ein toller Einstieg in die Schullaufbahn in Deutschland. Vor allem aber war es eine Geste der Zugewandtheit: Annette hatte zuerst darauf geschaut, was ich konnte: Mathe. Sie hatte nicht darauf geschaut, was ich nicht konnte: mich mit ihr auf Deutsch unterhalten!

«Die Schulen in Deutschland waren ja gar nicht auf Kinder aus Zuwandererfamilien eingestellt. Wir wurden einfach ins kalte Wasser geschmissen.»

Dann kamen für uns als Familie noch weitere Glücksfälle hinzu. Einer war die Bauernfamilie Mack, die wir in Sielmingen kennenlernten. Wir kamen auch aus einer angesehenen Bauernfamilie, die seit mehreren Generationen in Anatolien eine große Viehzucht betrieben hatte. Wir hätten dort eigentlich sehr gut von der Landwirtschaft leben können. Mein Vater war also nicht aus wirtschaftlichen Gründen nach Deutschland gegangen, sondern weil meine Mutter es wollte. Die patriarchalischen Strukturen in der Türkei gefielen ihr überhaupt nicht. Sie wollte sich als Frau nicht immer nur zurücknehmen und ducken müssen. Materiell war es uns in Anatolien aber besser gegangen als anfangs in Sielmingen, wo wir wirklich mit nichts anfangen mussten. Und hier lernten wir dann eben die Bauernfamilie Mack kennen, die uns gegenüber sehr offen war.

BAUSINGER: Das waren aber nicht Ihre Vermieter?

ARAS: Nein, das waren noch nicht einmal Nachbarn, sondern sie lebten am anderen Ende des Dorfes. Aber Familie Mack bot – ganz typisch für die Fildern – im Spätsommer Spitzkraut zum Verkauf an. Als meine Mutter dort Gemüse kaufen wollte, sagte die Bäuerin einfach: «Warum Gemüse kaufen? Helfen Sie uns doch einfach auf dem Feld. Dann können Sie sich ein Zugeld verdienen und Gemüse mitnehmen, so viel Sie brauchen.» Diese Chance ergriff meine Mutter.

In der Bauernfamilie Mack gab es auch ein kleines Mädchen, ein Nachzüglerkind namens Christel. Und wie das bei Bauernfamilien so ist: Christel war oft alleine, weil die Eltern viel und hart arbeiten mussten. So kam es, dass ich und meine jüngeren Brüder unsere Mutter immer zum Arbeiten auf den Mack-Hof begleiteten und Christel damit plötzlich drei Freunde hatte, die jeden Tag nach der Schule bei ihr waren. Wir spielten zusammen, holten Süßigkeiten und saßen vor dem Fernseher. Familie Mack nahm uns auf wie ihre eigenen Kinder – das war eine tolle Erfahrung! Es ist doch oft so im Leben, dass man Menschen braucht, die es gut mit einem meinen, die einen unterstützen und fördern.

Trotz der vielen Arbeit auf dem Hof war der Sonntag bei Familie Mack heilig. Wenn Macks einen Familienausflug machten, wurden wir oft mitgenommen. So war ich zum Beispiel das erste Mal in meinem Leben mit der Bauernfamilie Mack in der Stuttgarter Staatsgalerie. Aber sie hat uns sonntags auch ins Restaurant mitgenommen oder zum Schwimmen. All das fand für mich und meine Geschwister zusammen mit Familie Mack statt. Wir konnten als

Kinder auf diese Weise Dinge entdecken und lernen, die meine Eltern entweder nicht kannten, oder die sie sich einfach nicht hätten leisten können. Hinzu kommt: Meinen Eltern war immer wichtig, dass wir in der Schule gut sind. Entsprechend motivierten sie uns zum Lernen. Aber wir hatten zum Beispiel in unserer kleinen Dreizimmerwohnung, in der sieben Personen lebten, keine Kinderbücher, schon allein, weil der Platz fehlte. Bei Familie Mack aber konnte ich die ganzen Bücher lesen, die damals «in» waren: «Puckis erstes Schuljahr», «Pucki wird eine glückliche Braut» – die ganze Reihe. Das waren die ersten Bücher, die ich, abgesehen von Schulbüchern, gelesen habe.

Das sind alles positive Erfahrungen und Erinnerungen, aber sah die Realität an den Schulen in den Siebzigerjahren nicht anders aus? Wurden Sie nicht auch manchmal ausgegrenzt?

ARAS: Für meine eigene Schullaufbahn kann ich das nur mit einem Nein beantworten. Aber da waren natürlich einzelne Lehrerinnen und Lehrer ganz entscheidend. Ich hatte eine unglaublich gute und engagierte junge Lehrerin, die aus eigener Motivation heraus individuelle Lernförderung praktizierte. Wir waren eine ziemlich schwierige Klasse, aber die junge Lehrerin schaffte es, uns ruhig zu halten und zu motivieren. Sie lud uns sogar zu sich nach Hause ein – oder wenn uns am Wochenende mal langweilig war, dann durften wir einfach zu ihr kommen. Kurzum: Die Persönlichkeit der Lehrkraft kann in solchen Lebenslagen durchaus entscheidend sein.

An ein einziges negatives Erlebnis in der Hauptschule kann ich mich jedoch erinnern. Es war relativ am Anfang, als wir gerade in Deutschland angekommen waren, im Musikunterricht. Ich hatte beim Singen ein Problem, weil ich ja nicht lesen konnte und den Text auch nicht verstand. Also machte ich immer den Mund auf und zu, aber sang nicht wirklich mit. Ohne dass ich es mitbekommen hatte, brachte der Musiklehrer plötzlich die Klasse zum Schweigen. Alles verstummte – und schaute auf mich, wie ich lautlos die Lippen bewegte. Da ging natürlich sofort das große Gelächter los. Pädagogisch war das bestimmt nicht sehr hilfreich, so bloßgestellt zu werden. Aber wie gesagt: Das war eher eine Ausnahme.

Meine beiden jüngeren Brüder machten hingegen andere Erfahrungen in der Schule. Der eine hatte in der vierten Grundschulklasse die nötigen Noten für das Gymnasium, aber sein Lehrer, der durchaus ein Freund und Kenner der Türkei war, meinte, er solle lieber auf die Realschule gehen. Auf dem Gymnasium gäbe es keine Türken und er würde sich dort fremd fühlen, meinte der Lehrer. Vielleicht war das gar nicht böse gemeint, aber es war schon diskriminierend. Meine Eltern bestanden jedoch darauf, dass mein Bruder auf das Gymnasium ging, aber er musste dafür sogar noch eine gesonderte Prüfung ablegen. Letztlich machten meine beiden Brüder – zumindest nach unserem Kenntnisstand – als erste türkeistämmige Schüler in Filderstadt das Abitur. Ich selbst ging ja in Stuttgart auf das Gymnasium.

Entscheidend für uns alle war aber die Offenheit, die uns entgegengebracht wurde. Wir hatten zum Beispiel auch eine «deutsche Oma», eine alleinstehende ältere Frau, die mit meiner Mutter befreundet war und zu der wir einmal in der Woche nachmittags gehen durften. Anfangs verstanden wir zwar kein Wort, aber die «deutsche Oma» las uns immer etwas vor oder erzählte Geschichten – und am Schluss gingen wir meist mit einer Tafel Schokolade nach Hause. Heimat geben und Heimat nehmen – das klappte in meinem Fall also gut, weil wir immer Begegnungen mit Menschen hatten, die offen waren und die es uns leichter machten, heimisch zu werden. Und wenn man sich heimisch fühlt, dann fühlt man sich auch zugehörig und identifiziert sich mit dem neuen Land. Nur so kann sich ein Heimatgefühl entwickeln.

BAUSINGER: Heimat hat ja auch mit Heimweh zu tun. Hatten Sie als Mädchen Heimweh nach Anatolien?

ARAS: Nein, nicht wirklich, aber ganz am Anfang träumte ich zum Beispiel immer wieder von der Türkei. Wenn man von der Ferne auf die alte Heimat schaut, dann erscheint dort manches in rosa Farben. Man nimmt auch Dinge wahr, die man zuvor gar nicht registriert hat. So etwas wie Sehnsucht nach Anatolien entstand dann schon bei mir. Vor allem konnten wir ja anfangs gar nicht in die Türkei reisen. Fliegen war sehr teuer, und zum Fahren fehlte uns das entsprechende Auto für sieben Leute. Ich bekam dadurch auch ein anderes Verhältnis zur alten Heimat, weil ich weiter weg war und mir manches einfach schönredete. Aber je mehr ich mich hier heimisch und zugehörig fühlte, umso mehr entwickelte sich bei mir auch eine Liebe zu Deutschland. Heute zögere ich nicht eine Sekunde, wenn man mich nach meiner Heimat fragt: Deutschland natürlich! Ich bin sehr froh und dankbar, dass ich in diesem wunderbaren Land aufwachsen und mich entwickeln konnte.

Und dann ging es einmal im Jahr im Sommer mit dem Auto in die Türkei?

ARAS: Ja, natürlich, aber erst später. Mein Vater hatte keinen Führerschein, aber als mein ältester Bruder mit 18 Jahren fahren durfte und es uns finanziell etwas besser ging, kauften wir uns einen weißen Ford Transit – ganz klassisch! Dann ging es von Sielmingen bis nach Elmaağaç in Ostanatolien. Ich darf hinzufügen: Das sind rund dreitausend Kilometer!

War Ihnen die alte Heimat dann fremd geworden?

ARAS: Nein, nicht fremd, aber mein Bild von ihr hatte sich verändert. Ein Beispiel: In unseren kurdischen Dörfern in Ostanatolien gibt es keine Folkloretänze im engeren Sinne. Aber ich war in Esslingen in einer Volkstanzgruppe. So kam es, dass wir Kinder in Anatolien unseren Verwandten türkisch-kurdische Folkloretänze vorführten, die wir in Deutschland gelernt und zu denen wir zuvor gar keinen Bezug gehabt hatten. Das war fast ein wenig absurd, aber es zeigt, wie sich das Verhältnis zur Heimat verändern kann, wenn man sie aus der Ferne wahrnimmt.

BAUSINGER: Kann es sein, dass Ihnen diese glückliche Entwicklung in Sielmingen leichter fiel, weil es eine eher ländlich geprägte Gegend war?

ARAS: Nein, ich glaube nicht, dass der Unterschied zwischen Stadt und Land eine Rolle spielte. Entscheidend ist doch vor allem die Frage, ob man selbst offen und neugierig ist, ob man mit offenen Augen und Ohren durch die Welt geht. Das ist in der Großstadt nicht anders, wo man sich doch auch im kleineren Umfeld des eigenen Viertels bewegt. Auch in Stuttgart, wo ich jetzt lebe, gibt es ein herzliches Miteinander in einer funktionierenden Nachbarschaft. Das hängt schlichtweg von den einzelnen Menschen um einen herum ab.

Wenn Menschen ihre Heimat verlassen, tun sie sich in der Fremde zusammen. Das ist eine Konstante in der Geschichte der Wanderungsbewegungen und war im 19. Jahrhundert nicht anders als heute. Sie bilden das, was wir Communitys nennen. Das tun Deutsche im Ausland auch, und die Bundesrepublik fördert das durch die Pflege der deutschen Sprache und Kultur im Ausland. Und natürlich tun das auch Zuwanderer, die nach Deutschland kommen. Ein normaler Vorgang?

BAUSINGER: Ja, das ist ein völlig normaler Vorgang, der aber von manchen Leuten recht schnell als Bildung von «Parallelgesellschaften» attackiert wird. Dabei ist diese Gruppenbildung zumindest in einer Übergangsphase nicht nur unvermeidlich, sondern auch notwendig. Woher soll man denn sonst als Zugewanderter überhaupt ein soziales Echo bekommen? Es sei denn, es handelt sich um den Zufall, dass man rundum offene Deutsche um sich hat, wie es Frau Aras geschildert hat. Aber wir können das sicherlich nicht als Regelfall annehmen. Das ist also alles durchaus verständlich. Das Problem scheint mir eher die Frage zu sein, was dann nach einer gewissen, wie lange auch immer dauernden Übergangszeit passiert. Wenn diese Gruppierungen wirklich zu Parallelgesellschaften werden und es zur Abschottung kommt, kann das schon problematisch werden. Da sehe ich auch eher den schon angesprochenen Unterschied zwischen Stadt und Land. Schon bei den «Gastarbeitern» der Fünfziger- und Sechzigerjahre war das so: Auf dem Land wurden sie fast zwangsweise in die Dorfgemeinschaft integriert, während es in den großen Städten schon aus quantitativen Gründen zu einer stärkeren Gruppenbildung in der eigenen Community kam.

ARAS: Ja, und oftmals findet auch beides gleichzeitig statt. Meine Eltern waren immer offen für die deutsche Gesellschaft, aber es gab gleichzeitig auch enge Bindungen zur türkisch-kurdischen Community. In dieser Gruppe gab es allerdings auch offene Kritik an meinen Eltern, weil ich zum Beispiel immer wieder bei der deutschen Bauernfamilie Mack übernachten durfte. Wir mussten uns oft von türkeistämmigen Freunden anhören, wir seien zu viel bei den Deutschen und wir sollten in dieser Hinsicht doch vorsichtiger sein. Meine Eltern pflegten aber beides: den Kontakt innerhalb der türkisch-kurdischen Gemeinschaft und den Kontakt zur einheimischen Bevölkerung. Ihr Ziel war, dass wir über Sprache und Bildung eine gute Perspektive für unsere Zukunft bekommen sollten.

Für meine Eltern veränderte sich dadurch auch ihr eigenes Heimatverständnis. Das war bei vielen «Gastarbeitern» so. Mit Beginn der Arbeitszuwanderung in den Fünfzigerjahren gab es auf beiden Seiten eine Rückkehrillusion. Auf der einen Seite dachten die Deutschen, die «Gastarbeiter» kämen nur für eine begrenzte Zeit, solange man sie eben als Arbeitskräfte brauchen würde. Dann würden sie schon wieder nach Italien, Spanien, Portugal, Griechenland, Jugoslawien oder eben in die Türkei zurückkehren. Von dieser Vorstellung kommt ja auch der Begriff «Gastarbeiter» her. Eigentlich ist es ein seltsames Wort, denn wer lässt schon Gäste für sich arbeiten? Aber das Wort «Fremdarbeiter», das noch bis in die Sechzigerjahre synonym benutzt wurde, war durch die NS-Zeit belastet und wurde zusehends von der Bezeichnung «Gastarbeiter» abgelöst. Viele

Leute sahen damals schon, dass das ein Euphemismus ist. Deshalb wird der Begriff heute meist in Anführungszeichen gesetzt. Schon 1972 führte zum Beispiel der WDR ein Preisausschreiben durch, um eine neue Bezeichnung für die «Gastarbeiter» zu finden. Damals gingen mehr als 30.000 Vorschläge ein, aber außer der Bezeichnung «ausländische Arbeitnehmer» fand man keine bessere Alternative. Nach dem Anwerbestopp von 1973 wurde dann diese Vorstellung von «Kommen und Gehen» von Seiten der Politik sogar mit staatlichen Rückkehrprämien forciert.

Aber letztlich funktionierte das alles nicht so, wie man sich das vorgestellt hatte. Viele Arbeitsmigranten sahen sich durch diese Maßnahmen gezwungen, sich definitiv zu entscheiden – und sie entschieden sich dann oftmals für Deutschland und holten ihre Familien und Kinder nach. Außerdem sollten wir nicht vergessen, dass eben nicht nur Arbeitskräfte gekommen waren, sondern Menschen mit Zukunftsplänen und Emotionen.

Auf der anderen Seite dachten auch viele «Gastarbeiter», sie würden in Deutschland nur ein paar Jahre lang gutes Geld verdienen und dann in ihre Heimat zurückkehren. Aber dann merkten sie, dass sie sich hier etwas aufgebaut hatten, dass sich ihre Kinder und Enkel entwickelten und heimisch fühlten, weil sie mit der deutschen Sprache, der deutschen Mentalität und auch mit der Liberalität in der deutschen Gesellschaft aufwuchsen. Manchmal war aber auch eine Rückkehr aus vielerlei anderen Gründen keine Option mehr, zum Beispiel weil es die politischen Verhältnisse im Herkunftsland nicht zuließen.

Als mein Vater bereits im Rentenalter war, fragte ich ihn einmal, wo für ihn denn nun seine Heimat sei. Er antwortete: «Heimat ist da, wo der Esel satt wird. Da, wo ich eine Arbeit habe. Und das ist Deutschland.» Ich war ziemlich erstaunt, weil ich eigentlich gedacht hatte, er würde als älterer Mensch eher die Türkei als seine Heimat empfinden. Aber beide – mein Vater und meine Mutter – sagten immer, die Türkei habe ihnen und ihren Kindern vor allem in Sachen Bildung keine Perspektive gegeben. Meine Mutter war Analphabetin. Sie hatte nicht in die Schule gehen dürfen, weil sie ein Mädchen war. Das hat sie ihr Leben lang beschäftigt, und sie sagte immer, in Deutschland seien für uns Kinder alle Türen offen. «Ihr müsst nur fleißig und anständig sein, und dann klappt das!», war ihre Überzeugung.

BAUSINGER: Vorher fiel bereits das Stichwort «unbewusst». Ich glaube, man muss damit sehr vorsichtig sein. Ich denke, dass auch Kinder sich teilweise sehr bewusst in diesen Koordinaten von Heimat orientieren. Ich machte zum Beispiel früher im Rahmen eines Forschungsprojekts Dialektaufnahmen, unter anderem mit einem Donauschwaben in Heidenheim, der uns Sprechproben lieferte. Der Mann holte dann noch seinen siebenjährigen Sohn hinzu, der gerade eingeschult worden war, und bat ihn, auch etwas zu sagen. Der Junge stutzte und fragte dann: «Soll i reda, sôga oder schwätza?» Das waren für ihn ganz präzise Vorstellungen. «Reda» war gewissermaßen sein Hochdeutsch, «sôga» war die donauschwäbische Umgangssprache, und «schwätza» war Schwäbisch, also das, was er mit seinen Spielkameraden auf der Straße benutzte. Das war für mich und meine Dialektforschungen eine aufschlussreiche, weil sehr bewusste Haltung, die auch viel mit dem Thema Heimat und Sprache zu tun hat. Oftmals sind das eben auch bei Kindern ganz bewusste Entscheidungen, wie man mit wem spricht.

Aber nochmals zurück zu den sogenannten «Gastarbeitern». Solche Anpassungsleistungen, wie Sie, Frau Aras, und Ihre Familie sie vollbracht haben, haben ja Millionen von Zuwandererfamilien geschafft. Wir reden aber im Zusammenhang mit Zuwanderung oft nur von Problemen. Wird die Leistung dieser großen Bevölkerungsgruppe bei uns zu wenig gewürdigt?

ARAS: Ja, unbedingt! Diese Millionen von Menschen gehen bisweilen völlig unter, weil sie so normal geworden sind in unserer Gesellschaft. Mir persönlich tut es wirklich weh, dass die Leistungen vor allem der ersten «Gastarbeitergencration» so wenig gewürdigt werden. Man muss sich vergegenwärtigen, was diese Generation – neben der oft schweren körperlichen Arbeit – im Zeitalter ohne Internet und ohne moderne Kommunikationsmedien auf sich nahm. Diese Menschen machten sich auf den Weg in eine völlig neue und andere Welt, oft alleine und unter schweren Bedingungen. Und wir dürfen nicht vergessen: Deutschland, dem Aufnahmeland, ging es vordergründig nur um Arbeitskräfte, aber auf die gesellschaftliche Integration von Menschen war man nicht vorbereitet. Der allergrößte Teil der «Gastarbeiter» integrierte sich dennoch still und leise, arbeitete, verdiente Geld und zahlte Steuern, trug zum wirtschaftlichen Erfolg Deutschlands bei, finanzierte unsere sozialen Sicherungssysteme mit, schickte seine Kinder in die Schule und engagierte sich ehrenamtlich, so wie es die Deutschen auch taten.

Hinzu kommt noch, dass viele «Gastarbeiter» der ersten Generation wirklich unschöne und harte Erfahrungen machen mussten. Wenn wir in den Medien zu irgendwelchen Anwerbejubiläen immer das berühmte Bild des Portugiesen Armando Rodrigues de Sá sehen, der am 10. September 1964 als der millionste «Gastarbeiter» auf dem Bahnhof in Köln-Deutz ankam und so glücklich und verdutzt dreinschaute, weil er als Gastgeschenk ein Moped der Marke «Zündapp Sport Combiette» bekam, dann ist das ja nur die eine Seite der Medaille. Nebenbei bemerkt: Zvonimir Kanijr aus Jugoslawien, der fünfhunderttausendste staatlich angeworbene «Gastarbeiter» in Baden-Württemberg, bekam am 5. August 1970 am Hauptbahnhof Stuttgart – ganz schwäbisch – lediglich ein Kofferradio. Das waren zwar Zeichen einer Willkommenskultur, die es auch damals schon gab, aber irgendwie war es auch ganz schön paternalistisch, wie die «Jubilare» da vorgeführt wurden.

Die andere Seite dieser Medaille kenne ich von persönlichen Erzählungen. Viele türkische Frauen empfanden es zum Beispiel als höchst entwürdigend, sich in den Anwerbezentren in Istanbul oder Ankara zum ersten Mal in ihrem Leben vor einem Mann – und dann noch vor einem deutschen Arzt – fast vollständig ausziehen und einen unangenehmen Gesundheitscheck über sich ergehen lassen zu müssen. Viele verschuldeten sich auch finanziell völlig, um überhaupt den weiten Weg zu den sogenannten «Deutschen Verbindungsstellen» antreten zu können. Wenn sie dann angenommen wurden, folgten oft bis zu drei Tage lange Zugreisen in alten und ausrangierten Waggons, die von den Zuwanderern immer wieder mit «Viehtransporten» verglichen wurden. Oder denken wir an die Wohnsituation der «Gastarbeiter», nachdem sie hier angekommen waren. Viele hausten buchstäblich in Bauwagen oder Baracken mit wenigen Quadratmetern für mehrere Menschen. Und wir sollten auch daran denken, dass sich viele «Gastarbeiter» in diesen «Wirtschaftswunderzeiten» in sehr harten Jobs schlichtweg körperlich kaputtarbeiteten. Ich finde, dass wird von uns zu wenig wertgeschätzt. Wir sind zu Recht stolz auf Spitzenprodukte *made in Germany*. Aber wir vergessen nur allzu leicht, dass diese Spitzenprodukte auch *made by* Jugoslawen, Griechen, Türken, Italienern, Spaniern usw. sind, wie es die Schriftstellerin und Journalistin Jagoda Marinić einmal ausgedrückt hat.

Diese erste Generation der «Gastarbeiter» mit ihrer Leistung für Deutschland ist eigentlich bis heute weitgehend vergessen. Wir sollten viel stärker anerkennen, was diese Menschen geleistet haben und mit welchen Problemen sie konfrontiert waren. Übrigens waren sie dennoch nicht verbittert, sondern investierten oftmals alles in ihre Familie und taten alles, damit ihre Kinder vollwertige Mitglieder unserer Gesellschaft werden konnten.

Was kann denn die Politik tun, um die Leistungen der Zuwanderer und ihrer Familien stärker zu würdigen?

ARAS: In erster Linie positiv darüber reden – wertschätzend vor allem, statt immer nur in problematisierenden Kontexten. Wir reden im Zusammenhang mit Zugewanderten viel zu oft nur über Defizite, über das, was sie angeblich nicht können. Da spielen auch die Medien eine wichtige Rolle. Aber auch wir als Verantwortliche in der Politik sollten öfter betonen, dass diese Vielfalt, dieser kulturelle Reichtum und die Potenziale, die Zuwanderer mitbringen, von keinem Staat der Welt und mit keinem Geld der Welt zu kaufen sind.

Allein was die Sprachenvielfalt betrifft, gibt es immer noch ein großes Ungleichgewicht in unserer Wahrnehmung. Ich will das mit einem Beispiel belegen. Wenn ein Kind in einem bilingualen Elternhaus mit Deutsch und Englisch oder Französisch aufwächst, dann finden das alle ganz toll. «Wow, der oder die kann schon zwei Sprachen», sagen dann alle. Wenn ein Kind aber bilingual mit Deutsch und Türkisch aufwächst, dann würdigt das niemand. Im Gegenteil: Es gilt als Alarmsignal, als Hinderungsgrund für die Integration. Das Kind solle zuhause besser nicht Türkisch sprechen, heißt es dann oft. Diese Abwertung bekommen auch die Kinder mit. Meine Tochter sagte mir einmal, ich solle mit ihr kein Türkisch mehr sprechen, sobald wir um die Ecke zum Kindergarten eingebogen waren. Sie wollte nicht deswegen schief angeschaut werden. Dabei ist es generell eine Bereicherung, wenn Menschen mehrere Sprachen sprechen – und zwar egal welche. In der Erziehungs- und Sprachwissenschaft ist außerdem klar belegt, dass das Aufwachsen in einem zweisprachigen Haushalt die Sprachkompetenz insgesamt verbessert. Kinder lernen dann in der Schule auch leichter eine dritte Sprache.

Darüber hinaus stelle ich in den letzten Jahren aber auch positive Entwicklungen fest. Immer mehr Städte und Gemeinden werden sich zum Beispiel ihrer eigenen Migrationsgeschichte bewusst. Das schlägt sich dann nieder in Sonderausstellungen oder in der Tatsache, dass Migranten in den örtlichen Stadt- oder Heimatmuseen an Bedeutung gewinnen. Diese Städte und Gemeinden stellen fest, dass ein großer Teil ihrer Bevölkerung eine Migrationsgeschichte hat und dass diese ein wichtiger Teil der eigenen Stadtgeschichte ist. Das ist ein guter Ansatz, aber es gibt noch viel zu tun. Wir sollten Zuwanderung und Vielfalt auf allen Ebenen, ob im Arbeitsleben oder im kulturellen Bereich, viel stärker als normal mitdenken, berücksichtigen und wertschätzen. In allen großen Städten des Landes haben inzwischen dreißig, vierzig oder mehr Prozent der Bevölkerung eine Migrationsgeschichte. Viele davon haben einen deutschen Pass. Das sind längst keine «Fremden» oder «Exoten» mehr, sondern sie sind ein wichtiger Teil unserer Gesellschaft. Außerdem müssen wir natürlich noch mehr unternehmen, wenn es darum geht, Austausch und gemeinsame Gesprächsräume zu schaffen. In vielen Städten und Gemeinden passiert da schon viel, aber auch das ist noch ausbaufähig. Denn es ist wichtig, Menschen mit ihren unterschiedlichen Erfahrungen und Prägungen zusammenzubringen.

Sie, Herr Bausinger, haben sich schon zu Beginn der Achtzigerjahre mit dem Zusammenhang von Heimat und Zuwanderung beschäftigt. Damals haben Sie Aufsätze mit Titeln wie «Lauter Ausländer – die südwestdeutsche Kultur als Importerzeugnis» oder «Heimat in einer offenen Gesellschaft» veröffentlicht. Ging es Ihnen auch darum, den Heimatbegriff zu durchlüften?

BAUSINGER: Mir ging es damals vor allem darum, der Tendenz entgegenzutreten, Heimat als exklusiven Begriff zu verwenden, der andere abwertet. Ich bin zum Beispiel auch sehr skeptisch gegenüber dieser ganzen Wurzelmetaphorik, die im Deutschen immer wieder im Zusammenhang mit Heimat bemüht wird. Man ist verwurzelt in der Heimat – schön, aber wir sind nun einmal keine Bäume, sondern wir haben Beine, mit denen wir auch weglaufen können. Die Menschen sind höchst mobil – sie waren das schon immer. Dieses Wurzelbild war in einer weitgehend stationären Gesellschaft lange Zeit gültig, aber sobald es Mobilitätsschübe gibt, stimmt es nicht mehr. Gerade der deutsche Südwesten war schon immer nicht nur ein Auswanderungsland, sondern eben auch ein Einwanderungsland, nicht erst im 20. Jahrhundert, sondern zum Beispiel auch schon nach dem Dreißigjährigen Krieg. Aber irgendwie wurde das im kollektiven Bewusstsein nie so richtig registriert. Die oftmals vorherrschende Vorstellung von Heimat stellt die dauernde Sesshaftigkeit als Normalität dar, aber sie negiert, dass es schon immer Migrationsbewegungen unterschiedlichster Art gab.

«Ich bin sehr skeptisch gegenüber dieser ganzen Wurzelmetapho-rik, die im Deutschen immer wieder im Zusammenhang mit Hei-mat bemüht wird.»

Zur Auswanderung wurden beispielsweise öfter empirische Untersuchungen unternommen, etwa im 19. Jahrhundert von Friedrich List, der gefragt hat, warum so viele Menschen das Land verlassen. Die Zuwanderer standen aber immer im Schatten der öffentlichen oder auch wissenschaftlichen Aufmerk-samkeit. Man duldete sie meistens zunächst nur, um dann später, oft Generationen später, festzustellen, dass sie ein Gewinn für die Gesellschaft waren. Den-ken wir nur an Sondergruppen wie die Waldenser, deren Nachfahren man heute noch an ihren Ortsnamen wie Perouse, Pinache oder Serres erkennt, aber nicht mehr an ihrer Sprache. Sie kamen um 1700 in unsere Region und sprachen lange ihre frankoprovenzalische Regionalsprache, ein Patois, das sich dann aber im ersten Drittel des 20. Jahrhunderts langsam verlor. Und sie brachten, wie viele andere Zuwanderergruppen auch, zahlreiche Innovationen mit, die das Land voranbrachten. Oder denken wir an die sogenannten «Transalpini». Das waren italienische Wanderarbeiter, die seit dem letzten Drittel des 19. Jahrhunderts meist im Sommer mit ihrem *capo* vor allem nach Süddeutschland kamen, um hier das zu bauen, was im Zuge der Industrialisierung lebensnotwendig war: Eisenbahnlinien, Straßen, Brücken, Wasser- und Gasleitungen. Die «Transalpini» hatten viel Erfahrung beispielsweise mit dem Brücken- und Tunnelbau in den Alpen – und das waren knochenharte Jobs. Davon profitierten wir massiv. Man könnte es auch zuspitzen: Die berühmte und vielbesungene schwäbische Eisenbahn hätte ohne solche frühen «Gastarbeiter» gar nicht gebaut werden können. Manchmal denken die Leute ja, die «Gastarbeiter» der Fünfzigerjahre seien die ersten «Fremden» gewesen, die zu uns kamen.

Im Zusammenhang mit Migration wird oft auch das Bild des Fluiden oder Katastrophalen benutzt: Flücht-

lingsströme, Zuwanderungswellen, Asylbewerberflut,
vermeintliche volle Boote oder Flüchtlingskrise ... Da-
bei geht es doch immer um Deutungshoheit und da-
rum, Dammbruch und damit Kontrollverlust zu sug-
gerieren. Ist diese Bildsprache angemessen?

ARAS: Wir reden von Menschen. Menschen, die wie
wir alle eine Würde haben. Eine Würde, die wie unsere eigene unantastbar ist. Solche Sprachbilder zielen auf Entmenschlichung. Der einzelne Mensch soll
in einer vermeintlich bedrohlichen Masse verschwinden. Und diese anonymisierte Masse wird
beschrieben, als sei Migration eine Naturkatastro-
phe. Es ist sprachlicher Ausdruck davon, die Uni-
versalität von Menschenwürde in Frage zu stellen
und sie jenen abzusprechen, die man selbst ablehnt.

BAUSINGER: Mir geht dabei noch einmal die Wurzelmetaphorik durch den Kopf. Vielleicht sollte man
sie ja nicht verbannen, sondern präziser damit umgehen. Im Jahr 1949 erschien das Buch «L'enracine-
ment» der französischen Philosophin Simone Weil.
Sie hatte daran in einem englischen Sanatorium ge-
schrieben, in dem sie mit 34 Jahren starb; vorausge-
gangen war die Flucht aus dem besetzten Frankreich.
1950 kam eine deutsche Übersetzung heraus unter
dem Titel «Die Einwurzelung». Das ist ein Wort, das

im Deutschen jenseits der gärtnerischen Praxis kaum verwendet wird, das aber für die Charakterisierung von Migrationsbewegungen besonders treffend sein kann. Es leugnet nicht die Bedeutung der Herkunft, die alten Wurzeln, aber es legt den Akzent auf den oft schwierigen Prozess, in einem neuen Umfeld Heimat zu finden und zu schaffen – nicht über Abstammung und Blutsverwandtschaft, sondern in der Öffnung und Offenheit kommunikativer Möglichkeiten.

Die Heimat verteidigen – das ist oft eine Parole der Abschottung und Ausgrenzung. Aber in einer mobilen Gesellschaft lassen sich heimatliche Verhältnisse nur aufrechterhalten, wenn auch die Zugewanderten einbezogen werden.

Heimat und Vielfalt in einer offenen Gesellschaft

De facto ist Deutschland seit Jahrzehnten ein Einwanderungsland. Millionen von Vertriebenen, Arbeitsmigranten, Asylsuchenden oder Bürgerkriegsflüchtlingen sind seit dem Ende des Zweiten Weltkrieges zu uns gekommen, aber in der Politik wurde lange und mit viel Aufregung darüber diskutiert, ob wir nun ein Einwanderungsland sind oder nicht. War das politische Realitätsverweigerung?

ARAS: Ja, das war politisch kurzsichtig und empirisch einfach falsch. Allein bis zum Anwerbestopp 1973 kamen 14 Millionen meist staatlich angeworbene Arbeitsmigranten zu uns. Die Politik hielt aber die Hände vor die Augen und wiederholte in einer Art Symbolpolitik immer wieder das deutsche Mantra vom Nichteinwanderungsland. Damit wurde von vielen Politikerinnen und Politikern ein Bild unserer Gesellschaft geprägt, das lange schon nicht mehr der Realität entsprach. Viel mehr noch: Bis weit in die

Zweitausenderjahre hinein konnte man beobachten, dass in Landtags- und Bundestagswahlkämpfen zur Mobilisierung der eigenen Wählerschaft immer wieder Wahlkampf auf dem Rücken der Zuwanderer ausgetragen wurde. Ob es 1999 die Kampagne gegen den Doppelpass war oder Parolen wie «Kinder statt Inder» – die Liste wäre beliebig fortzusetzen.

Aber es gab auch Gegenstimmen. Während sich viele Politikerinnen und Politiker auf Landes- und Bundesebene der Realität verweigerten, hatten die Verantwortlichen in den Kommunen längst gemerkt, dass sie Politik für alle Menschen machen müssen, die in ihrer Gemeinde leben. Während zum Beispiel das Land Baden-Württemberg 1975 erstmals Rückkehrprämien an ausländische Arbeitnehmer bezahlte, hieß es 1976 in einer «Ausländerstudie» der Stadt Stuttgart: «Aus den Wanderarbeitern der 1960er-Jahre wurden ausländische Dauerarbeitnehmer. De facto ist die Bundesrepublik Deutschland zu einem Einwanderungsland geworden.» Schon damals zogen die Verantwortlichen in Stuttgart und in vielen anderen Städten Konsequenzen aus dieser Erkenntnis und leiteten entsprechende Maßnahmen ein, etwa bei Kindertagesstätten oder generell im Bildungsbereich. Weiter heißt es in dem Bericht: «Ausländische Einwohner sind im Interesse der Wirtschafts- und Lebenskraft der Stadt Stuttgart und aus sozialpolitischen Gründen als dauerhafter Bestandteil der Stuttgarter Bevölkerung anzusehen. » Diesen Satz muss man sich auf der Zunge zergehen lassen!

Die Grundlagen für diesen berühmten und auch international preisgekrönten «Stuttgarter Weg» legte der damalige Oberbürgermeister Manfred Rommel – ein liberaler und weitsichtiger Kopf. Das war geradezu revolutionär, und er wurde dafür in Wahlkämpfen massiv angegriffen. Aber Manfred Rommel wurde bis 1996 mehrmals mit deutlicher Mehrheit in seinem Amt bestätigt. Heute gilt er als großer Wegbereiter, aber damals war das für ihn einfach die Beschreibung der Realität in seiner Stadt. Ich muss ihn hier nochmals zitieren, weil schon zwei, drei Sätze zeigen, wie fortschrittlich er war. Im Jahr 1990 etwa, als die deutsche Öffentlichkeit über das Wort «Multikulti» stritt, sagte er in einem Interview:

Die multikulturelle Gesellschaft existiert bereits. Und jede Kulturgesellschaft ist eine multikulturelle Gesellschaft. Eine Gesellschaft, in der nur eine kulturelle Strömung da ist und nichts anderes, ist keine Kulturgesellschaft, sondern eine sterile Gesellschaft. Die Vielfalt gehört zur Kultur, und um Vielfalt zu haben, braucht man Toleranz. Wenn hier Angehörige verschiedener Länder in einer Stadt sich begegnen, dann ist dies kein Nachteil, sondern ein Vorteil. Es wird immer so getan, als ob eine Politik, die die Interessen der ausländischen Mitbürger berücksichtigt, gegen die Deutschen gerichtet wäre. Im Gegenteil.

Ich denke, dem ist nichts hinzuzufügen. Natürlich profitierte Stuttgart, ja ganz Baden-Württemberg bei der Integrationspolitik immer von der Wirtschaftskraft der Region beziehungsweise des Landes. Aber das Beispiel von Manfred Rommel und seinen Amtsnachfolgern bis heute zeigt auch, dass man so einen Prozess von Seiten der Politik begleiten kann – ja sogar muss. Die Stadtverantwortlichen erkannten früh, dass das Wachstum der Stadt ihren Charakter verändern wird. Stuttgart sollte ein vielfältiges Gemeinwesen werden, dessen Markenzeichen Weltoffenheit ist. Die städtische Wohnungsgesellschaft achtete zum Beispiel darauf, dass gemischte Hausgemeinschaften entstehen, dass sich die Vielfalt der Stadtgesellschaft auch in den einzelnen Vierteln zeigt. Mit vielen Maßnahmen der Stadt- und Sozialplanung wurde diese Strategie unterstützt. Schon sehr früh gab es Formate der Mitbestimmung und Einbeziehung, zum Beispiel in Form eines «Ausländerbeirates», der heute «Internationaler Ausschuss» heißt, oder durch die Förderung eines «Forums der Kulturen» als Dachverband der Migrantenverbände.

Im Ergebnis verbanden sich die jeweiligen Interessen einzelner Gruppen – hier die Alteingesessenen, dort die Zugewanderten – zum Interesse aller: dem Interesse, dass das Leben im gemeinsamen Quartier gut funktioniert. Das Ergebnis ist eine Stadt, in der heute 120 verschiedene Sprachen gesprochen werden und in der Menschen aus über 180 Nationen friedlich und vorbildlich zusammenleben in einer echten Stadtgesellschaft, in der sich Menschen mit unterschiedlichem Hintergrund im Alltag und im kulturellen Leben begegnen und austauschen. So erlebe ich Stuttgart seit nun fast 35 Jahren. Und ich bin mir sicher, wie ich empfinden sehr viele Menschen aus genau diesem Grund Stuttgart als ihre Heimat. Diese Entwicklung halte ich vor allem deswegen für so bemerkenswert, weil es anfangs sicher für beide Seiten – Alteingesessene und Zugewanderte – bequemer gewesen wäre, jeweils unter sich zu bleiben. Die Stadt ist aber den anstrengenderen Weg gegangen. Davon profitiert sie heute enorm.

Auch das Verständnis von Integration litt ja lange Zeit unter jener Realitätsverweigerung. Noch immer begegnet man Vorstellungen, wonach man in Deutsch-

land erst dann integriert sei, wenn man sich möglichst lautlos und vollständig angepasst hat.

ARAS: Integration bedeutet für mich nicht Assimilation. Assimilation würde ja bedeuten, dass ich meine Herkunft verleugne und ganz in der neuen Gesellschaft aufgehe. So ist es aber nicht. Ich zum Beispiel will mir ja auch meine kurdisch-türkischen Prägungen bewahren. Ich bin auch der Überzeugung, dass unsere Gesellschaft von den kulturellen Prägungen der Zuwanderer lernen und profitieren kann – und zwar nicht nur im wirtschaftlichen oder im kulinarischen Bereich. Denken wir nur daran, wie in den südeuropäischen Ländern oder auch in der Türkei die älteren Menschen geehrt und respektvoll behandelt werden. Das ist etwas, was ich nicht ablegen will. Kulturelle Vielfalt ist eine Chance und eine Bereicherung für unser Land, aber klar, sie kann manchmal natürlich auch anstrengend sein und für Konflikte sorgen.

Wie würden Sie denn für sich Integration definieren?

ARAS: Der Begriff Integration ist fast genauso schwierig zu definieren wie Heimat. Aber es gibt ein paar wesentliche Grundzüge in diesem Prozess von Integration, bei dem sich übrigens sowohl die Ein-

wanderer- als auch die Aufnahmegesellschaft verändern. Die Aufforderung, sich zu integrieren, rich-
tet sich an beide Seiten: Beide beteiligten Parteien
sollten offen aufeinander zugehen. Entscheidend ist
doch, dass man Integration dann als erfolgreich bezeichnen kann, wenn Einwanderer gleichberechtigt
am gesellschaftlichen Leben teilnehmen können.
Das bedeutet Spracherwerb, Bildungs- und Arbeits-
marktbeteiligung, soziale Integration im Alltag so-
wie ein Gefühl der Identifikation zur hiesigen Gesellschaft, eine auch emotionale Zugehörigkeit. Damit gehen dann natürlich auch Rechte einher, etwa
das Recht auf die deutsche Staatsbürgerschaft und
damit auch das Wahlrecht. Der Begriff hat also mehrere Dimensionen: juristische, gesellschaftspoliti-
sche, kulturelle und auch ganz persönliche.

Wichtig ist dabei auch, dass sich zugewanderte
Menschen in unserer Gesellschaft als anerkannt und
akzeptiert wahrnehmen können. Ein wesentlicher
Bestandteil von Heimat ist ja einfach auch Sicherheit.
Der Schriftsteller Jean Améry schrieb in seinem Es-
say «Wie viel Heimat braucht der Mensch?», man
brauche das Einverständnis der Gesellschaft, um Heimat überhaupt leben zu können. Leider gibt es zahlreiche Beispiele dafür, dass es für Zuwanderer auch
Gründe gibt, sich hier nicht sicher zu fühlen. Denken
wir nur an die NSU-Morde und den Umgang damit,

oder denken wir an die Tatsache, dass neue Studien zu dem Ergebnis kommen, dass rund ein Drittel der Menschen in Deutschland fremdenfeindliche Positionen vertritt.

Einen sehr guten Stand der Integration haben wir meiner Meinung nach dann erreicht, wenn die ethnische Zugehörigkeit eines Menschen bei seinen Teilhabechancen in der Gesellschaft und auch bei seiner persönlichen Bewertung in den Hintergrund tritt. Da gibt es allerdings noch manches zu tun. Um diesen Weg weiterzugehen, scheint mir vor allem eine Erkenntnis wichtig: Politik und Gesellschaft müssen klar sehen, dass Integration nicht zu einer konfliktfreien und völlig harmonischen Gesellschaft führt. Wenn Integration gelingt, dann wird unsere Gesellschaft nicht homogener. Das ist auch gar nicht das Ziel, sondern es geht um Teilhabe auf Augenhöhe. Der Soziologe Aladin El-Mafaalani hat in seinem Buch «Das Integrationsparadox» ein passendes Bild dafür gefunden. Wenn mehr Gruppen mit am Tisch sitzen und tatsächlich die gleichen Chancen zur Mitsprache haben, dann wird dieses gesellschaftliche Tischgespräch länger dauern. Diese Menschen sitzen dann nicht nur da und wollen auch ein Stück vom Kuchen. Sie wollen, so wie die anderen auch, mit auswählen und bestellen. Oder sie wollen gleich die Tischregeln neu gestalten, die sich etabliert haben, bevor sie dabei waren. Dieses gesellschaftliche Gespräch so zu moderieren, dass das Geschirr heil bleibt, wird manchmal sehr anstrengend sein. Wer aber mit am Tisch sitzt, wird sein Gemeinwesen als Heimat empfinden. Wer seinem Gemeinwesen Heimatgefühle entgegenbringt, wird sich eher und intensiver engagieren – hauptamtlich und ehrenamtlich.

Gelebte Vielfalt verbreitert also das Fundament unserer Demokratie. Dafür lohnt es sich zu arbeiten. Ganz im Sinne eines der Väter unseres Grundgesetzes, Theodor Heuss. Er sagte: «Man muss das als gegeben hinnehmen: Demokratie ist nie bequem.»

BAUSINGER: Ich möchte wenigstens andeutungsweise noch etwas zur Rolle der Wissenschaft in diesen Veränderungsprozessen hinzufügen. Man wirft den Wissenschaftlern ja oft vor, dass sie mit ihren Recherchen und Forschungsergebnissen zu spät kommen, also erst auf Züge aufspringen, die kreative Praktiker schon zum Laufen gebracht haben. Bei den Wandlungsprozessen in unserer Bevölkerung war das nicht so. Schon in den Siebzigerjahren leiteten Sozialwissenschaftler aus den statistischen Befunden die Forderung ab, Deutschland als Einwanderungsland zu sehen und entsprechende politische Entscheidungen zu treffen. Eine große Zahl von

Forscherinnen und Forschern appellierte in diesem Sinn an die Entscheidungsträger im Bund, fand aber kein Gehör.

Die Wissenschaft verfolgte aber auch schon relativ früh die Wege und die Probleme der Integration. Dabei wurde die Tendenz der Einheimischen herausgestellt, die folkloristische Schauseite fremder Kulturen als Zeichen vollzogener Integration aufzufassen; es wurde aber auch die demonstrative Verstärkung fremder Kulturelemente – etwa in Vorgängen der Re Islamisierung – untersucht.

Die Erhebungen machten deutlich, dass die Bewegungen und Gegenbewegungen nicht auf einen einheitlichen Nenner zu bringen waren. Dies führte zur Folgerung, dass es pauschale Patentlösungen nicht geben kann, dass vielmehr die Förderung von Integration jeweils die spezifischen kollektiven Voraussetzungen und auch ganz persönliche Verhältnisse berücksichtigen muss.

Deutschland hat Ende der Neunzigerjahre sein Staatsbürgerschaftsrecht modernisiert. Unter anderem wurde das alte Abstammungsprinzip, das «Recht des Blutes», durch das Geburtsortprinzip, das «Recht des Bodens», ergänzt. Doppelte Staatsbürgerschaften sind oftmals möglich, und vieles andere mehr. Manchmal überkommt einen aber das Gefühl, dass diese Neuerungen noch nicht im Bewusstsein aller angekommen sind. Oft wird immer noch generell von Ausländern geredet, wenn Menschen anders als «typisch deutsch» aussehen, aber vielleicht schon längst deutsche Staatsbürger sind.

ARAS: Ja, diese Vielfalt ist leider oft noch nicht die Normalität im Denken. Um dahin zu kommen, hilft aber auch ein Blick in unsere Geschichte. Wir haben immer wieder Debatten darüber geführt, was eigentlich das Deutsch-Sein ausmacht. Wenn wir dabei über die nationalen Klischees hinausgehen – pünktlich und präzise, Ingenieurskunst und Kuckucksuhren –, dann sehen wir doch recht klar: Vielfalt ist ein roter Faden in unserer Geschichte. Warum sind selbst innerhalb eines Gliedstaates wie Baden-Württemberg Lebensgefühl, lokale Traditionen oder Ortsbilder zum Beispiel im Südbadischen so ganz anders als etwa auf der Ostalb? Das ist das Ergebnis einer Geschichte, in der kleinere Staaten miteinander konkurrierten, wer die stärkste Anziehungskraft auf Künstler, Forscher und Handelstreibende ausübte. Dieser Vielfalt verdanken wir, dass unser Land heute so viele Zentren der Kultur, der Wirtschaft und der Wissenschaft hat – ganz anders als in Ländern, die früher als Deutschland Nationalstaaten wurden und die vor allem auf ein einziges Zentrum ausgerichtet sind.

Unser Föderalismus – mit starken Ländern und mit starken regionalen Identitäten – ist ein einzigartiges Erbe. Ich erzähle dazu gerne folgende Geschichte. 2018 durfte ich als Ehrengast am Blutritt in Weingarten teilnehmen. Tausende Reiter und Musiker ziehen dabei am Freitag nach Christi Himmelfahrt durch die Stadt und ehren eine Reliquie, die das Blut Jesu Christi enthalten soll. Am Abend vorher gibt es eine große Lichterprozession, die die ganze Stadt im Kerzenschein erleuchten lässt. Die Gruppen ziehen am Tag der Prozession in traditionellen, seit Generationen weitergegebenen Trachten durch die Stadt und über die Felder – eine sehr barocke, sehr oberschwäbische Tradition.

Nicht nur mich hat die Intensität und die bewegende Anmutung dieses Rituals überrascht. Weingarten gehört zur Diözese von Bischof Gebhard Fürst. Er ist jedoch kein gebürtiger Oberschwabe, sondern hat seine Wurzeln im altwürttembergischen Bietigheim. Nachdem er zum ersten Mal beim Blutritt dabei gewesen war, ließ er sich zitieren: «In Stuttgart wäre so etwas nicht möglich.» Als Kind der nüchternen katholischen Diaspora war ihm dieses pompöse Schauspiel zunächst fremd. Er hatte allerdings das Glück, dass der Reporter der Lokalzeitung seine Bemerkung als Kompliment auffasste. Wenn also selbst ein katholischer Bischof mit Staunen auf eine katholische Tradition wie den Blutritt schaut, dann sagt das viel über die Vielfalt unseres Landes aus. Wenn wir also heute fragen, was eigentlich spezifisch deutsch ist, dann ist es genau dieses Verständnis von Vielfalt. Wenn wir uns das bewusst machen, ist der Schritt zur Akzeptanz der Tatsache, dass auch Menschen eine deutsche Identität haben können, die nicht «typisch deutsch» aussehen, nicht mehr gar so weit.

Frau Aras, welchen Pass haben Sie selbst denn?

ARAS: Ich habe bewusst nur den deutschen Pass. Deutschland ist meine Heimat. Hier fühle ich mich zuhause. Die Türkei ist der Ort meiner Kindheit und schöner Kindheitserinnerungen. Den türkischen Pass habe ich abgegeben – was aber gar nicht so einfach war. Als ich mich Anfang der Neunzigerjahre entschloss, die deutsche Staatsbürgerschaft anzunehmen, gab es den Doppelpass noch nicht. Man musste sich erst von der Türkei ausbürgern lassen, um den deutschen Pass bekommen zu können. Das lief im Konsulat aber so ab, dass man die Ausbürgerung zwar erhielt, aber gleich im Anschluss auch ein Formular in die Hand gedrückt bekam, mit dem man gleich wieder die türkische Staatsbürgerschaft beantragen sollte – sozusagen ein Doppelpass durch die Hintertür. Als junge Frau fand ich es schwierig, mich aus der Situation herauszuwinden. Der Beamte drang sehr darauf, dass ich das Formular gleich ausfüllen und unterschrieben zurücklassen sollte. Ich konnte mich dem aber entziehen und argumentierte, ich wolle das zuhause machen. Ich ging dann einfach – und kam nicht wieder. Aber das Erlebnis zeigt, dass es Politik Ankaras war und ist, aktiv Einfluss in türkeistämmigen Communitys zu nehmen. Die Entsendung von Beamten der türkischen Religionsbehörde an Moscheen im Ausland ist der sichtbarste Ausdruck davon. Das muss man bei der Debatte um teils vermutete, teils reale Loyalitätskonflikte wissen. Sie sind manchmal auch das Ergebnis einer gezielten Beeinflussung aus dem Ausland.

Die Kehrseite ist die Aufnahme in die neue Staatsbürgergemeinschaft. Als ich den deutschen Pass abholte, war das ein schlichter Verwaltungsakt. Man ging aufs Amt, zog eine Nummer und bekam nach einer kurzen Wartezeit wortlos das Dokument rübergeschoben. Im Rückblick finde ich das ziemlich unwürdig. Auf jeden Fall war der Verwaltungsakt der Bedeutung nicht angemessen, die dieser Schritt für die Menschen hat. Denn dieser bewussten Entscheidung gehen ja innere Prozesse und Häutungen voraus. Heute macht man das Gott sei Dank besser. Überall gibt es seit mehreren Jahren große Einbürgerungsfeiern, bei denen die Menschen ihre Geschichte erzählen und betonen, was ihnen die deutsche Staatsbürgerschaft bedeutet. Das ist gelebte Willkommenskultur. Der Vergleich zum Beginn der Neunzigerjahre zeigt erfreulicherweise aber auch, was sich in der Einstellung von Politik und Verwaltung zur Einwanderung und Einbürgerung positiv verändert hat.

Und dennoch passiert Ihnen vielleicht auch manchmal das, was vielen eingebürgerten Zugewanderten passiert, wenn sie nicht «typisch deutsch» aussehen: Aussagen wie: «Sie sprechen aber gut Deutsch?», oder die Frage: «Gehen Sie im Sommerurlaub zurück in die Heimat?»

ARAS: Ja, das kenne ich. Auch in der Variante: «Was macht eigentlich euer Präsident gerade?» Wohlgemerkt, dann ist Erdoğan gemeint und nicht Bundespräsident Frank-Walter Steinmeier. Das passiert selbst in politischen Kreisen und bei Leuten, die meine Geschichte kennen. Ich weise dann freundlich, aber bestimmt darauf hin, dass ich im Stuttgarter Westen zuhause bin. Ich unterstelle den Menschen nicht, dass sie die Fragen konfrontativ meinen. Aber es zeigt doch, wie weit verbreitet die Gleichsetzung von Geburtsort und Heimat nach wie vor ist. Ich glaube aber, dass sich das in den nachrückenden

Generationen ändern wird. Unseren Kindern eröffnen sich in einem zusammenwachsenden Europa Möglichkeiten, von denen wir früher nur träumen konnten – und sie nutzen diese Möglichkeiten auch. Studieren und Arbeiten im Ausland wird immer mehr zur Normalität – und damit auch die Vorstellung, dass sich für den Einzelnen Heimat an verschiedenen Orten herstellen lässt.

Wenn es Richtung Wahlkampf geht oder wenn sich ein neuer CDU/CSU-Bundesinnenminister profilieren will, dann tauchen bei uns regelmäßig zwei Dinge auf: der Begriff der Leitkultur und die gebetsmühlenartig wiederholte Behauptung, der Islam gehöre nicht zu Deutschland. Herr Bausinger, was geht dem Kulturwissenschaftler durch den Kopf, wenn er «Leitkultur» hört?

BAUSINGER: An dem Begriff lässt sich die sprachwissenschaftliche Erkenntnis vorführen, dass zwar der gängige Bedeutungsgehalt dem Gebrauch eines Wortes oder einer Aussage die Richtung vorgibt, dass aber eigentlich der Gebrauch die Bedeutung schafft. Leitkultur als neutrales Wort – gewissermaßen unter Laborbedingungen – kann man sich durchaus positiv und hilfreich vorstellen: ein Geländer im alltäglichen Verkehr mit anderen, Vermittlung von Verhaltenssicherheit. Aber im tatsächlichen Gebrauch wird aus der

Leitkultur schnell etwas wie Herrschaftskultur, konfrontiert mit anderen kulturellen Ausformungen, die ins Abseits verbannt werden. Oft ist es auch einigermaßen kurios, wie dieses Wortgefäß gefüllt wird. Das geht von geographischen Wissensfragen bis zur Kenntnis des Landeswappens, vom Schreiben einer Urlaubskarte bis zur Aufzählung von Ministerien.

Frau Aras, müssen wir in naher Zukunft mit einer Renaissance des Begriffs der Leitkultur rechnen?

ARAS: Ich schätze diesen Begriff nicht. Das liegt vor allem an den negativen Assoziationen, die er nach einigen unseligen Debatten hervorruft. Ursprünglich wurde er von dem in Syrien geborenen Göttinger Politikwissenschaftler Bassam Tibi in die Debatte eingeführt, der sein Konzept aber nicht als deutsche Leitkultur missverstanden sehen wollte. Er meinte damit vielmehr einen Wertekonsens als Klammer zwischen der Mehrheit und den Minderheiten in einer Gesellschaft – unabhängig von Religion, Herkunft, Vorprägungen oder Ursprungskultur der Menschen. Dahinter steht der Ansatz, unser Verständnis von Staatsbürgerschaft von der Ethnie zu trennen. Von Wahlkampfstrategen in den Parteizentralen wurde Leitkultur als Schlagwort dann aber fast ins Gegenteil verkehrt. Heute ist es ein verbrauchter Begriff, weil er ausgrenzt, statt zusammenzuführen.

«Leitkultur ist ein verbrauchter Begriff, weil er ausgrenzt, statt zusammenzuführen.»

Ich halte es stattdessen mit einem Bild des amerikanischen Soziologen Amitai Etzioni, der übrigens als Werner Falk in Köln geboren wurde: Er sieht Gesellschaft als Mosaik, als eine Komposition aus Steinchen verschiedener Farben und Formen, zusammengehalten von einem umrahmten Zementgrund. Das verbindende – und verbindliche – Element bilden dabei unsere Grundwerte: das Bekenntnis zur demokratischen Grundordnung und zum Verfassungsstaat, vor allem praktizierte Toleranz.

Mit unserem wunderbaren Grundgesetz haben wir einen präzisen und verbindenden Wertekatalog als Leitbild unserer Gesellschaft.

Und der Islam? Gehört er zu Deutschland?

ARAS: Die Debatte darüber ist in hohem Maße absurd. Mein Deutschland ist das Deutschland des Grundgesetzes, und das besagt in Artikel 4 unmissverständlich: «Die Freiheit des Glaubens, des Gewissens und die Freiheit des religiösen und weltanschaulichen Bekenntnisses sind unverletzlich. Die ungestörte Religionsausübung wird gewährleistet.» Solange also andere Freiheiten der Verfassung dadurch nicht beeinträchtigt sind, gilt diese Religionsfreiheit für Christen, Juden, Hindus, Buddhisten, Muslime usw. Auch in dieser Frage ist das Grundgesetz auf Vielfalt angelegt. Gleichzeitig macht es aber auch klar: Keine Religion der Welt steht über dem Grundgesetz!

BAUSINGER: Die Debatte ist nicht nur absurd, sondern meist auch vage und ungenau. Die Feststellung «Der Islam gehört zu Deutschland» ist eigentlich eine Ausweichformel. Und es ist merkwürdig, dass so selten nachgefragt wird, was dieses «gehört zu» bedeutet. Es kann sich um eine schlichte Tatsachenfeststellung handeln, unterbaut mit Zahlen der Religionsstatistik, es kann eine weitergehende Anerkennung des Sachverhalts sein, und es kann sogar Ablehnung avisieren. Im Übrigen verändert sich der Gehalt einer solchen Feststellung durch faktische Veränderungen, die ferngesteuert sein können; vereinzelte «osmanische» Tendenzen können insgesamt die Akzeptanz in Frage stellen.

Kann denn auch Religion generell eine Rolle spielen bei der Vermittlung eines positiven Heimatbegriffs, oder wirkt der Glaube dabei oftmals eher ausgrenzend?

BAUSINGER: Der Heimatbegriff spielte für die christlichen Kirchen sicherlich eine wichtige Rolle. Oft wurde dabei auf die himmlische Heimat verwiesen. Das war bis in die Frühneuzeit hinein so, etwa wenn es in einem Kirchenlied von Paul Gerhardt aus dem Jahr 1666 heißt: «Meine Heimat ist dort droben.» Über solche religiöse Metaphern wuchs dem Begriff Heimat schon sehr früh etwas an Überhöhung zu. Diese Motivfigur gibt es in vielen Religionen, und sie ist nicht ganz ungefährlich, weil sie das, was hier auf Erden passiert, ein Stück weit abwertet oder zumindest an Bedeutung mindert.

Darüber hinaus gab es in der Geschichte immer auch Tendenzen, das Nationale mit religiösen Inhalten aufzuladen. Das gilt beispielsweise für den Islam, aber auch für das Christentum – und dabei auch für den Konflikt zwischen den unterschiedlichen christlichen Konfessionen, der unsere Geschichte lange Zeit geprägt hat. Ich darf daran erinnern, dass es bis weit in die Sechzigerjahre hinein harte Konflikte um die konfessionelle Ausrichtung der Schulen in Baden-Württemberg gab. Oder daran, dass es in vielen Familien massive Auseinandersetzungen gab, wenn der katholische Sohn eine Protestantin heiraten wollte – oder eben andersherum. Wir sollten nicht vergessen, dass viele Liberalisierungen, an die wir uns gewöhnt haben, gar nicht allzu alt sind.

Aber auch in der aktuellen Diskussion über Heimat und Integration spielt Religion eine Rolle. Dass viele Zuwanderer muslimischen Glaubens sind, macht die Integration ja nicht leichter. Davor sollten wir die Augen nicht verschließen. Die Tatsache, dass früher viele Arbeitsmigranten zum Beispiel aus Italien, Spanien oder Südosteuropa katholisch waren, hat hingegen deren Integration sicherlich erleichtert. Ein Stück weit war hier die Religion auch ein Eintrittsbillett in die hiesige Gesellschaft.

Ein Streitpunkt beim Thema Religion ist immer wieder auch die Frage nach dem islamischen Religionsunter-

richt. Wie sollten wir Ihrer Meinung nach damit um-
gehen?

ARAS: Dass Religion in der Schule zum Streitthema
taugt, kenne ich aus meinem persönlichen Umfeld.
Wir sind keine Christen, trotzdem schickten mein
Mann und ich unsere beiden Kinder bewusst in den
evangelischen Religionsunterricht – zumindest bevor sie in das Fach Ethik wechseln konnten. Unsere
Kinder ärgerten sich zwar über den Verlust einer
Hohlstunde, aber die Auseinandersetzung mit Werten, Glauben und Menschenwürde war ein Gewinn
für sie. Ich setze mich politisch deshalb vor allem
dafür ein, dass das Fach Ethik künftig in allen Klas-
senstufen angeboten wird, auch in der Grundschule.

Zur Vielfalt gehört aber auch, dass wir das Angebot des konfessionellen Religionsunterrichts parallel
aufrechterhalten und um Angebote für andere Glau-
bensrichtungen erweitern sollten. Viele Modell-
schulen bieten bereits islamischen Religionsunterricht an und erzielen damit laut Begleitstudien sehr
gute Ergebnisse. Es stärkt den Zusammenhalt an einer Schule, weil man muslimischen Kindern damit
signalisiert, dass sie voll und ganz dazugehören. Mit
diesem Ziel sollten wir die flächendeckende Einfüh-
rung eines Islamunterrichts anstreben – und zwar in
deutscher Sprache, erteilt von in Deutschland aus-

gebildeten Lehrkräften. Dass unser Staat laut Grundgesetz in religiösen Fragen Neutralität garantiert, heißt für mich eben auch, dass wir Islamunterricht nicht länger vor allem Abgesandten des türkischen Staats in Moscheegemeinden überlassen sollten. Wir sollten den betroffenen Familien stattdessen signalisieren, dass ihre Religion zu unserer Gesellschaft gehört und einen gleichberechtigten Platz im Bildungswesen erhält. Daraus kann Dialog, Zugehörigkeit und Heimat erwachsen.

Heimat Grundgesetz

Von den Menschen aus Zuwandererfamilien, die in Deutschland das Wahlrecht haben, gehen erfahrungsgemäß nur rund zehn bis zwanzig Prozent zur Wahl. Woran könnte das liegen? Machen die Parteien zu wenige Angebote für sie?

ARAS: Ja, wir müssen Menschen, die zu uns gekommen sind, mehr Gehör verschaffen. Wie aber öffnet man Türen? Wie motiviert man Menschen zum Engagement? In erster Linie, indem man mit ihnen ins Gespräch kommt und sie sichtbar macht, damit sie ihre Perspektive in den gesellschaftlichen Diskurs einbringen können. Viel zu oft bekommen Menschen aus Zuwandererfamilien vermittelt, sie seien Bürger zweiter Klasse. Sie werden oftmals mit Vorurteilen konfrontiert oder müssen sich für ihre Herkunft rechtfertigen. Oder man spricht paternalistisch mit ihnen, als seien sie Rückständige. Aber was passiert, wenn man so vorgeht? Die Menschen suchen dann Heimat unter ihresgleichen und ziehen sich in ihre Community zurück. Damit schwindet der Zusammenhalt in der Gesamtgesellschaft.

Und ja – zur Anerkennung, zu dem Gefühl, ein Teil dieser Gesellschaft zu sein, gehört auch ganz wesentlich eine angemessene Repräsentanz. Ob ich mich heimisch fühle, hängt auch davon ab, ob ich mich in den Menschen an der Spitze von Politik, Wirtschaft, Kultur und Medien wiedererkenne. Erinnern wir uns doch daran: Früher mussten Nachrichtensprecher im deutschen Fernsehen deutsche Männer sein. 1976 kam dann mit Dagmar Berghoff die erste Frau. Aber die Frauen sollten möglichst blond sein. Heute sind es Namen wie Linda Zervakis oder Pinar Atalay. Das ist nicht nur gut so, sondern es ist auch ein wichtiges Signal an die Zuwanderer in unserer Gesellschaft. Solche Erfolgsgeschichten sind mehr als nur Symbole. Dennoch reicht es eben nicht, dass es Einzelne nach oben geschafft haben. Wirklich entscheidend ist, ob man die Vielfalt unserer Gesellschaft in allen Bereichen und auf allen Ebenen findet. Damit das klappt, kommt es auch darauf an, wie sich die Mehrheit verhält.

Ich kann das an meiner Suche nach einer politischen Heimat Anfang der Neunzigerjahre festmachen. Die entscheidende Frage war für mich: Wie reagieren Frauen und Männer ohne Zuwanderungsgeschichte, wenn eine junge Deutschkurdin ihr

Spielfeld betritt? Sieht man sie als Fremdkörper, die eingeübte Rituale stören könnte? Oder wendet man sich ihr zu, interessiert sich für die andere Perspektive, sieht diese Perspektive als Chance, sich in der Gesellschaft breiter zu vernetzen? Ich schaute mir damals in Stuttgart zwei Parteien näher an. Mit meinen Vorstellungen zu Menschenrechten, Gleichberechtigung von Frau und Mann und zum Umgang mit Minderheiten fühlte ich mich bei den Grünen am besten aufgehoben. Hinzu kam aber auch, dass mir die Menschen in dieser Partei mit einer einladenden Selbstverständlichkeit begegneten.

Die Türkeistämmigen in Deutschland, die das türkische Wahlrecht haben, stimmten in den letzten Jahren mehrheitlich für den Autokraten Erdoğan. Das irritiert uns immer wieder. Haben wir es nicht geschafft, diese Wähler, die meist in der zweiten oder dritten Generation hier leben, für unsere Gesellschaftsform zu gewinnen?

ARAS: Das sind natürlich viel zu viele. Ich verstehe gar nicht, warum so viele türkische Zuwanderer einem Politiker hinterherlaufen, der die Grundrechte mit Füßen tritt. Sie sollten sich doch bewusst sein, dass sie von unserer freiheitlichen, offenen und liberalen Gesellschaft, von Religions-, Meinungs- und

Pressefreiheit profitieren. An diesem Wahlverhalten gibt es also nichts zu beschönigen – und ich finde es beschämend.

Allerdings sollte man auch mit sauberen Zahlen und Fakten arbeiten. Immer wieder höre und lese ich Aussagen, wonach zwei Drittel der in Deutschland lebenden Türkeistämmigen Erdoğan gewählt hätten. Das ist falsch. Nur etwa die Hälfte der Türkeistämmigen, die in Deutschland leben, ist zu den Wahlen in der Türkei überhaupt stimmberechtigt. Die Wahlbeteiligung bei dieser Gruppe lag bei ziemlich genau fünfzig Prozent, und von diesen fünfzig Prozent wählten im Juni 2018 etwas mehr als sechzig Prozent den Autokraten Erdoğan. Unter dem Strich heißt das also, dass von den rund 2,8 Millionen Türkeistämmigen in Deutschland 1,4 Millionen wahlberechtigt waren. Davon gaben rund 700.000 ihre Stimme ab, und davon wiederum wählten etwa 420.000 Erdoğan. Das entspricht rund 15 Prozent aller Türkeistämmigen in Deutschland – und hört sich damit schon anders an.

Dennoch ist das natürlich ein Problem, und wir sollten es Erdoğan nicht auch noch leicht machen. Vergleichen wir doch die Wahlergebnisse in Deutschland mit denen in anderen Ländern. Unter türkeistämmigen Zuwanderern in klassischen Einwanderungsländern wie den USA oder Kanada hat der Autokrat Erdoğan deutlich weniger Stimmen erhalten.

Eine große Mehrheit wählte dort die demokratischen Mitbewerber. Nun muss man sehen, dass es soziale Unterschiede gibt zwischen den türkischen Zuwanderern in Deutschland und in Übersee, aber dennoch ist es eine ähnliche Vergleichsgruppe mit einem anderen Wahlergebnis. Ich erkläre mir das so, dass bekennende Einwanderungsländer Migranten mehr Zugehörigkeitsgefühl, mehr Identifikationsangebote mit dem Land bieten, in dem sie leben. Das macht Menschen weniger anfällig für die nationalistische Versuchung, mit der Erdoğan arbeitet. Die aktuelle türkische Regierung nutzt das gleiche Muster aller Populisten. Sie appellieren an Minderwertigkeitsgefühle. Sie bauen auf eine «Wir-gegen-die-Rhetorik»: «Die böse Mehrheitsgesellschaft unterdrückt euch, hält euch klein! Das ist nicht eure Heimat», sagen sie. «Aber wir machen euch groß, mit uns könnt ihr euch wieder stark fühlen, wir bieten euch Heimat», so die populistische Verheißung.

Diese Saat fällt auf fruchtbaren Boden, solange Zuwanderer sich tatsächlich nicht als Teil unserer Gesellschaft fühlen. Durch die jahrzehntelange offizielle Weigerung Deutschlands, sich als ein Einwanderungsland zu sehen, empfanden nicht nur die Zuwanderer ihre Anwesenheit als Provisorium, sondern auch die deutsche Mehrheitsgesellschaft. Auf der einen Seite fehlte offenbar der letzte Wille, hier wirklich anzukommen, auf der anderen Seite fehlte und fehlt noch immer die entsprechende Anerkennungskultur bei der Aufnahmegesellschaft. Für umso wichtiger halte ich deshalb ein Einwanderungsgesetz. Es ist auch für diejenigen relevant, die bereits da sind. Für sie ist ein solches Gesetz das Signal: «Ja, wir sind ein Einwanderungsland, und ihr seid ein Teil davon!» Das schafft Zugehörigkeit und entzieht Populisten vom Schlage Erdoğans die Grundlage.

In der logischen Konsequenz heißt das aber auch, dass wir alle – Alteingesessene wie Zugewanderte – für die Akzeptanz von Vielfalt und für Toleranz aktiv einstehen müssen. Zusammenhalt entsteht nicht, wenn man ihn in abgekapselten, homogenen Gruppen sucht. Eine solche Gesellschaft zerfiele in auseinanderdriftende Milieus – mit dem Ergebnis, dass die einen die anderen als Bedrohung empfinden. Dann gingen auch die gemeinsamen «Zeichen», die gemeinsamen kulturellen Codes verloren. Die einen fühlten sich dann in der Umgebung der anderen fremd, und es gäbe keine Gemeinsamkeiten mehr, an denen sich Neuankömmlinge aus- und aufrichten könnten. Dann ist auch Integration zum Scheitern verurteilt. Das Gegenmodell ist also ein Gebot der Vernunft: Vielfalt als Leitlinie!

Im Sommer 2018 führte die deutsche Öffentlichkeit kurz, aber intensiv die sogenannte «Özil-Debatte». Jenseits der Frage, ob der Fototermin des Starfußballers mit Erdoğan damals gerechtfertigt war oder nicht, wurde Mezut Özil in Teilen der Medien und der Bevölkerung doch das Recht abgesprochen, zwei Heimaten beziehungsweise unterschiedliche kulturelle Prägungen zu haben. Ist der Begriff des Alltagsrassismus für solche Debatten zu hoch gegriffen?

BAUSINGER: Nein, das trifft es schon ganz gut. Es gibt diesen Alltagsrassismus zweifellos. Es ist ein verbreitetes Phänomen, dass die Akzeptanz fremder Kulturen betont wird, und zwar aus ehrlichem Herzen, dass aber in banalen Alltagskonstellationen die Kontaktbereitschaft und die direkte Akzeptanz in Frage stehen. Ich beobachte das in unserer Gesellschaft insgesamt, bis hin zum gebildeten Bürgertum, in älteren Generationen wohl mehr als bei den Jüngeren. Es hat den Anschein, dass die frühere Distanzierung des Bürgertums vom Proletariat, die aufgrund von Nivellierungsschüben und Liberalisierungen zurückgegangen ist, in manchen ethnisch gesteuerten Einschätzungen wiederkehrt. Was in Wirklichkeit Ausdruck sozialer Diskrepanz ist, erscheint als ethnisches Spannungsfeld.

ARAS: Wir leben in einem der wunderbarsten Länder dieser Welt mit einer wunderbaren Verfassung, aber dennoch haben wir natürlich auch diese Herausforderungen. Die #MeTwo-Debatte nach den Rassismusvorwürfen von Mezut Özil hat gezeigt, dass viele Menschen mit Zuwanderungsgeschichte im Alltag Diskriminierung und Rassismus erleben. Das ist ja nicht frei erfunden, sondern es handelt sich um reale Erfahrungen, die viele machen, weil sie keinen deutschen Namen tragen oder nicht «deutsch» aussehen – was immer darunter auch zu verstehen sei.

«Oft wird die Akzeptanz fremder Kulturen betont, und zwar aus ehrlichem Herzen, aber in banalen Alltagskonstellationen stehen die Kontaktbereitschaft und die direkte Akzeptanz in Frage.»

Die Integration von Zugewanderten ist in Deutschland in vielerlei Hinsicht positiv verlaufen und gelungen, auch wenn es weiterhin Probleme gibt, die wir nicht verschweigen sollten. Aber die Diskussion, die wir seit 2015 über die Menschen führen, die zu uns geflüchtet sind, hat doch auch vieles überdeckt, was im Bereich der Integration der zweiten, dritten und vierten Generation der «Gastarbeiter» noch im argen liegt. Wir sollten nicht vergessen, dass es bei den Themen Bildung, Arbeitsmarkt und Wohnungsmarkt noch immer große Benachteiligungen gibt. Zwar hat sich zum Beispiel im Bildungsbereich in den letzten Jahren manches verbessert, aber Kinder aus Zuwandererfamilien sind immer noch benachteiligt, wenn man beispielsweise ihre Schulabschlüsse mit denen von Kindern vergleicht, die nicht aus einer Zuwandererfamilie stammen. Dieses Phänomen beobachten wir in fast allen großen Einwanderungsländern, aber Deutschland gelingt es im internationalen Vergleich offensichtlich immer noch nicht gut, das Leistungspotenzial von jungen Menschen aus Zuwandererfamilien zu fördern und zu entwickeln. Oftmals ist es sogar eine doppelte Benachteiligung, denn Bildung ist bei uns immer noch sehr stark vererbbar, also von sozialen Faktoren oder von der Herkunft abhängig. Wenn beides zusammentrifft, Zuwanderungsgeschichte und schwierige soziale Lage, dann wird es besonders drastisch. Dabei geht es natürlich um individuelle Schicksale, aber auch gesamtgesellschaftlich können wir uns das auf Dauer nicht leisten.

Oder als weitere Beispiele von Diskriminierungen: Es gibt zahlreiche Studien, die belegen, dass sich Menschen aus Zuwandererfamilien bei genau gleicher Qualifikation siebenmal so häufig wie Menschen ohne Migrationsgeschichte oder einfach nur mit deutschem Namen auf eine offene Stelle bewerben müssen, um zu einem Vorstellungsgespräch eingeladen zu werden. Im Rahmen einer anderen Studie hat die Universität Mannheim herausgefunden, dass Grundschulkinder mit ausländisch klingenden Namen bei Deutschdiktaten von angehenden Lehrkräften schlechter benotet werden als Kinder mit deutschem Namen – und das bei genau gleicher Fehlerzahl. Das heißt, es geht hier um Urteilsprozesse von – in diesem Fall – Pädagogen.

Oder schauen wir auf den Wohnungsmarkt. Ich kenne Erzählungen von Türkeistämmigen, die einen deutschen Pass und ein regelmäßiges Einkommen haben, aber wenn sie sich um eine Wohnung bewerben, ist die erste Frage des Vermieters: «Gehen Sie freitags eigentlich in die Moschee?» Diese Vermieter würden nie einen deutschstämmigen Bewerber fragen, ob er sonntags in die Kirche geht – und vor allem würden sie nichts Negatives daraus schließen. Das alles zeigt, dass wir schon noch ein massives Problem mit Vorurteilen haben. Vielleicht haben wir das bislang nicht offen genug angesprochen.

BAUSINGER: Das zieht sich in vielen gesellschaftlichen Bereichen durch. Es fängt an mit der Frage, auf welche weiterführende Schule ein Kind gehen soll. Da ist der Anteil der Kinder aus Zuwandererfamilien zum Beispiel unter den Gymnasiasten immer noch deutlich unter dem der einheimischen Kinder. Im Studium und in den unterschiedlichsten Berufen geht es dann gerade so weiter.

ARAS: Ja, schauen wir doch in die öffentlichen Verwaltungen, in die Ministerien oder in die Führungsriegen von Unternehmen. Da haben wir noch ganz ordentlichen Nachholbedarf im Hinblick auf Menschen mit Zuwanderungsgeschichte, die hier stark unterrepräsentiert sind.

Die «Özil-Debatte» hat unter anderem den Eindruck hinterlassen, Zugewanderte seien nur dann «gute» Migranten, wenn sie Leistung bringen. Fleißig und erfolgreich sollen sie sein, die gewünschten «Vorzeigemigranten» …

ARAS: Viele Menschen mit Zuwanderungsgeschichte haben in der Tat das Gefühl, dass sie unter Beobachtung stehen, dass sie mehr leisten müssen, um die gleiche Anerkennung zu erhalten – bei oft schlechteren Ausgangsbedingungen. Wir neigen dazu, positive Beispiele darauf zurückzuführen, dass jemand besonders «deutsch» geworden ist. Ihr oder sein Erfolg wäre damit also auch uns Deutschen zu verdanken. Wenn es aber nicht läuft, wird gerne das Fremde – die andere Herkunft – als Erklärung herangezogen. Das entlastet, denn dann hat Scheitern ja vermeintlich nichts mit uns zu tun.

Im Fall von Mesut Özil finde ich ein früheres Zitat von ihm interessant. In einem Interview über türkische und/oder deutsche Identität sagte er: «Ich bin sehr dankbar, dass ich beide Kulturen in meinem Herzen habe. (...) Aber natürlich ist das für jedes Einwandererkind auch eine lebenslange Aufgabe, ein bisschen wie in zwei Welten leben.» Das ist in der Tat eine besondere und schwierige Herausforderung. Wir sollten dies bei allen Debatten über Integration im Hinterkopf behalten. Sie anzugehen und zu meistern, verdient unseren Respekt.

BAUSINGER: Es verdient unseren Respekt – und es verdient unsere Unterstützung. Als mit dem Kriegsende Tausende von Heimatvertriebenen ins

Land kamen, sah man es als selbstverständliche Aufgabe, deren Zusammenschlüsse, die sogenannten Landsmannschaften, zu fördern. Baden-Württemberg hat dabei bekanntlich die Zuständigkeit für die donauschwäbischen Vereinigungen übernommen und – in reduzierter Form – bis heute aufrechterhalten. Vergleichbare Patenschaften für kroatische oder türkische Vereine gibt es kaum. Das ist einerseits verständlich, da die ethnische Landschaft inzwischen sehr viel bunter geworden ist; aber man vergibt sich damit eine Chance auf dem Weg zur Integration.

Machen Sie, Frau Aras, denn selbst auch Erfahrungen mit Alltagsrassismus? Als Sie beispielsweise zur Landtagspräsidentin gewählt wurden, gab es im Landtag rechtspopulistische Stimmen, die meinten, Ihre Wahl sei Ausdruck einer «Islamisierung des Abendlandes». Wie gehen Sie damit um?

ARAS: Ich verweise auf die Rechte und Werte des Grundgesetzes. In Artikel 4 haben wir Religionsfreiheit, in Artikel 3 ein Verbot von Diskriminierung aufgrund von Religion. Wer Menschen wegen ihrer – in meinem Fall zudem nur vermeintlichen – Religionszugehörigkeit von Staatsämtern ausschließen will, verlässt den Boden unserer Verfassungsordnung. Und so muss man solche Provokationen auch bewerten.

Im Sommer 2018 ging es gerade so weiter. Sie hatten im Rahmen einer Gedenkstättenreise in Südbaden und im Elsass fünf Gedenkstätten besucht, darunter das ehemalige Konzentrationslager Natzweiler-Struthof. Ein AfD-Abgeordneter sprach Ihnen jedoch das Recht ab, sich zum Holocaust zu äußern, weil Sie aus der Türkei stammen. Niemand aus Ihrer Familie habe in Deutschland Steuern gezahlt oder «in den Kriegen dieses Landes fechten müssen oder in seinen Rück-schlägen Opfer gebracht», so der AfD-Abgeordnete. Ist da für Sie die rote Linie überschritten?

ARAS: Vor allem ist auch das ein Klippensprung vom Wertefundament des Grundgesetzes. Die Aus-sage, ich sei aufgrund meines Geburtsortes nicht berechtigt, mich auch öffentlich um die deutsche Geschichte und Erinnerungsarbeit zu kümmern, widerspricht Wortlaut und Geist unserer Verfas-sung. Das zielt nicht nur gegen mich, sondern auch gegen mein Amt. Denn als Landtagspräsidentin ist es auch meine Aufgabe, mich für die Belange der Gedenkstättenarbeit und der Menschen, die sie tra-gen, einzusetzen. Mir ging es dabei vor allem auch darum, das meist ehrenamtlich geleistete Engagement der Gedenkstättenmitarbeiterinnen und -mitarbeiter zu würdigen und deren Arbeit an einer lebendigen Erinnerungskultur zu unterstützen. Denn diese wichtige pädagogische Arbeit zielt darauf, die Mechanismen von Ausgrenzung, Rassismus und Antisemitismus offenzulegen und daraus die Lehren für unser heutiges Zusammenleben zu ziehen. Argumentation und Stil der Vorwürfe des AfD-Abgeordneten bestätigen im Übrigen die während der Informationsreise oft geäußerte Einschätzung, dass wir die Erinnerungsarbeit all dieser engagierten Menschen weiterhin brauchen – vielleicht mehr denn je.

Was sagen Sie denn jungen Menschen aus Familien mit Migrationsgeschichte, die in der Schule oder in einer Gedenkstätte mit den Menschheitsverbrechen des Nationalsozialismus konfrontiert werden und meinen, das gehe sie nichts an, denn das sei ja nicht ihre Geschichte?

ARAS: Zunächst einmal: Eine gemeinsame Heimat braucht ein gemeinsames kulturelles Gedächtnis. Wir erinnern ja nicht an den Holocaust, damit man uns im Ausland für unsere Erinnerungskultur bewundert. Vielmehr versichern wir uns damit der Bedeutung von Freiheit, Selbstbestimmung und Demokratie. Auch unser Grundgesetz als das in Zeichen gegossene Wertefundament unserer Gesellschaft ist in vielerlei Hinsicht die historische Antwort auf das Unrecht und die Grausamkeiten des NS-Regimes. Aus all diesen Gründen müssen wir die Geschichte Deutschlands zur Geschichte aller Deutschen machen – egal ob ihre Eltern, Groß- oder Urgroßeltern in Deutschland geboren sind oder nicht. Das braucht auch eine andere Ansprache in den Schulen. Wer keine Vorfahren hat, die während des Nationalsozialismus gelebt haben, kann das Thema erst einmal wegschieben und keine Lust auf eine Klassenfahrt in eine NS-Gedenkstätte haben. Lehrkräfte sind auch aus diesem Grund mehr denn je aufgerufen, Geschichte ins Jetzt zu holen. Die Ideologie des Nationalsozialismus war antisemitisch im Besonderen und rassistisch im Allgemeinen. Wenn die Vorfahren dieser Schülerinnen und Schüler damals in Deutschland gelebt hätten, wären sie sehr wahrscheinlich auch Opfer dieser Ideologie geworden. Ich denke, dass man über diese Verbindung Gedenkkultur in alle Teile der Gesellschaft tragen kann.

Viele Menschen sorgen sich um das friedliche und respektvolle Miteinander und um den Zusammenhalt in unserer Gesellschaft. Oft wird ein Werteverlust beklagt, weil Deutschland immer bunter, vielfältiger und heterogener wird – egal ob in ethnischer oder religiöser Hinsicht, oder auch was die Lebensstile anbetrifft. Ist es Aufgabe der Politik, Heimat auf gemeinsamer Grundlage zu schaffen?

ARAS: Ja, das ist der Punkt, wo Heimat deutlich über das rein Persönliche und Emotionale hinausgeht. Ich will nochmals betonen, dass auch unser Grundgesetz Heimat geben kann, vor allem in unruhigen Zeiten und in Phasen, in denen immer wieder auch unsere Grundwerte angegriffen werden. Unser Grundgesetz ist auf Offenheit und Vielfalt angelegt. Im Rahmen der rechtlichen Grenzen kann sich jede und jeder entfalten, ob religiös oder nicht religiös, egal welcher ethnischer Herkunft und egal, welchen Lebensstil sie oder er pflegt. Diese Vielfalt ist unser Reichtum, und wir sehen das gerade auch in Baden-Württemberg mit seiner großen Vielfalt in den jeweiligen Regionen. Vielfalt ist der rote Faden in der Geschichte des Landes, wo schon immer Menschen jeglicher Herkunft und damit unterschiedliche Kulturen aufeinander getroffen sind. Carl Zuckmayer spricht in seinem Theaterstück «Des Teufels General» (Uraufführung 1946) mit Blick auf die Regionen entlang des Rheins von der «großen Völkermühle» oder der «Kelter Europas». In dem Stück antwortet dann General Harras seinem Offizier Hartmann, der sich Sorgen über seine reinrassige «arische» Abstammung macht:

Und jetzt stellen Sie sich doch mal Ihre Ahnenreihe vor – seit Christi Geburt. Da war ein römischer Feldhauptmann, ein schwarzer Kerl, braun wie ne reife Olive, der hat einem blonden Mädchen Latein beigebracht. Und dann kam ein jüdischer Gewürzhändler in die Familie, das war ein ernster Mensch, der ist noch vor der Heirat Christ geworden und hat die katholische Haustradition begründet. Und dann kam ein griechischer Arzt dazu, oder ein keltischer Legionär, ein Graubündner Landsknecht, ein schwedischer Reiter, ein Soldat Napoleons, ein desertierter Kosak, ein Schwarzwälder Flözer, ein wandernder Müllerbursch vom Elsass, ein dicker Schiffer aus Holland, ein Magyar, ein Pandur, ein Offizier aus Wien, ein französischer Schauspieler, ein böhmischer Musikant – das hat alles am Rhein gelebt, gerauft, gesoffen und gesungen und Kinder gezeugt – und der Goethe, der kam aus demselben Topf, und der Beethoven, und der Gutenberg, und der Matthias Grünewald. Es waren die Besten, mein Lieber! Die Besten der Welt! Und warum? Weil sich die Völker dort vermischt haben.

BAUSINGER: Der Hohenloher Heinrich Roth, ein Bauer mit breiten wissenschaftlichen Kenntnissen und mit poetischen Neigungen, hat diese Abfolge von Vermischungen in einem heiteren Gedicht ähnlich geschildert. Ich erinnere mich an die Zeilen:

> Vom Schwaben-Gen, der alten Wurzel,
> Blieb nicht mehr viel nach dem Gepurzel.

Das ist keine Diskriminierung des geschichtlichen Ablaufs, sondern ein ironisch-sachlicher Blick auf die tatsächliche Entwicklung in einer Vielfalt, die sich auch jetzt wieder etabliert.

ARAS: Ja, man sieht daran: Vielfalt – unter Bewahrung der jeweils eigenen Identität – ist ein wesentlicher Grund unserer Stärke. Das Wissen darum kann uns doch dabei helfen, Veränderungen und Herausforderungen mit positiver Grundhaltung zu begegnen. Das kann Sicherheit schaffen, und zwar im Rahmen der gemeinsamen Werte und Grundrechte, die wir teilen. Wir Deutschen können stolz auf unser Grundgesetz sein – und dieser Stolz schafft auch Zusammenhalt und Heimat. Ich halte das übrigens auch für einen entscheidenden Beitrag zur aktuellen gesellschaftlichen Debatte, die im Grunde nichts anderes ist als eine Debatte über unsere Identität und eine Art Selbstvergewisserung unseres Landes und seiner Menschen.

Eine ähnliche Situation hatten wir ja schon zu Beginn der Neunzigerjahre, als Rechtsextreme, damals die sogenannten «Republikaner», Erfolge feierten. Wir sind gestärkt aus dieser damaligen Debatte hervorgegangen. Deutschland hat sich seitdem geändert, ist offener, pluraler und bunter geworden. Die vergleichsweise homogene Gesellschaft der Sechziger- oder Siebzigerjahre gibt es schon lange nicht mehr. Und ich bin mir sicher: Der allergrößte Teil unserer Gesellschaft akzeptiert das. Das belegen auch zahlreiche Untersuchungen.

Im Ausland wird das übrigens genauso gesehen. Das britische Wirtschaftsmagazin *The Economist* bezeichnete Ende der Neunzigerjahre Deutschland noch als den «kranken Mann Europas». Jetzt werden wir «cool Germany» genannt: offen, heterogen und in der Lage, mit den Unsicherheiten der globalisierten Welt besser klarzukommen als noch vor zwanzig Jahren. Darauf fußt doch unsere neue «coole» Identität: Nicht mehr die Abstammung oder die Herkunft machen den vollwertigen Staatsbürger aus, sondern der Glaube an unsere Grundwerte und die Bereitschaft, sich dafür einzusetzen.

Übrigens kann man den aktuellen autoritären Nationalradikalen zumindest eine positive Seite abgewinnen: Wir müssen uns wieder, wie schon in den Neunzigerjahren, mit der Frage auseinandersetzen, in welcher Gesellschaft wir leben wollen. Eine Konsequenz ist doch, dass die populistische Herausforderung viele Menschen motiviert, sich für die Demokratie, ihre Spielregeln und ihre Institutionen zu engagieren. Was uns lange selbstverständlich war, muss wieder neu ausgehandelt und gefestigt werden. Darüber hinaus reden wir wieder deutlich mehr über Integration und über die Frage, wie wir in Vielfalt friedlich zusammenleben wollen. Und nicht zuletzt: Die Diskussion zum Beispiel über den Brexit zwingt uns auch, neu über Europa nachzudenken und zu klären, welches Europa wir wirklich wollen. Die europäische Einigung könnte so wieder zu einem Projekt der gesamten Gesellschaft werden. Umfragen belegen, dass die Zustimmung zur Europäischen Union derzeit so groß ist wie schon lange nicht mehr. Kurzum also: Es wäre schön, wenn das Ergebnis dieser aktuellen gesellschaftlichen Unruhe ein Weckruf wäre und wir gestärkt daraus hervorgehen würden.

Generell aber verknüpfen Sie Heimat nicht mit Herkunft, sondern mit Demokratie und Vielfalt?

ARAS: Ja, unbedingt! Unser Grundgesetz, das auf Vielfalt angelegt ist, kann vielen Menschen Heimat bieten, weil auf dieser Grundlage viele verschiedene

Lebensstile möglich sind. Gleichzeitig bietet es einen festen Sockel an gemeinsamen Werten. Die Vielfalt führt deshalb nicht zum Zerfasern und zu einem rücksichtslosen «Jeder macht, was er will». Der Geist des Grundgesetzes ist der Geist von Toleranz und gegenseitigem Respekt. Im Kern vermittelt es die Werte Offenheit, Pluralität, Gleichberechtigung, Gemeinsinn, Verantwortung und streitbare Demokratie. Nehmen wir Artikel 1 des Grundgesetzes: «Die Würde des Menschen ist unantastbar.» Das heißt doch, dass alle Menschen die gleiche Würde haben. Würde muss man sich nicht verdienen. Jeder Mensch hat sie von Geburt an – und sie gilt bedingungslos. Da ist kein Raum für Herabsetzung oder Diskriminierung, sondern vor allem für Toleranz in der ursprünglichen Bedeutung des Wortes: Mut aufzubringen, Unterschiede zu akzeptieren.

Natürlich bin ich mir dabei auch bewusst, dass Vielfalt nicht immer nur kunterbunt und lustig ist. Sie ist eine persönliche Herausforderung für uns alle – und natürlich steckt das Grundgesetz dazu auch rote Linien ab. Die Freiheiten, die es uns als Bürgerinnen und Bürgern schenkt, reichen immer nur so weit, wie sie andere Freiheiten nicht beeinträchtigen. Religionsfreiheit zu genießen heißt seinen Glauben unbeeinträchtigt leben zu können. Aber sie ermächtigt nicht dazu, etwa das Recht von

Kindern auf Bildung und Teilhabe zu beschneiden, indem man sie zum Beispiel vom Sport- oder Sexualkundeunterricht abmeldet. Solche Konflikte müssen wir ausfechten – wenn es sein muss auch hart, aber immer entlang der Prinzipien unseres Grundgesetzes.

Mit dem Begriff des Verfassungspatriotismus tun sich manche schwer. Würden Sie sich denn als Verfassungspatriotin bezeichnen?

ARAS: Der Begriff Verfassungspatriotismus, den der Politologe Dolf Sternberger in den Siebzigerjahren prägte, schien zunächst ein Widerspruch in sich zu sein, weil er Rationales mit Emotionalem zusammenführt: einerseits ein juristischer Text wie eine Verfassung, die individuelle Rechte gewähren und schützen soll, andererseits Patriotismus als kollektives Gefühl, das mit Liebe und Leidenschaft zusammenhängt. Das irritierte damals viele. Kritiker sprachen ablehnend von «Professorenpatriotismus» oder von einem «blassen Seminargedanken». Später griffen vor allem Jürgen Habermas und Richard von Weizsäcker den Begriff auf und stellten ihn in neue Zusammenhänge, etwa vor dem Hintergrund der deutschen Wiedervereinigung.

Ich selbst bezeichne mich uneingeschränkt als Verfassungspatriotin, und zwar aus mehreren Gründen. Das Konzept war in den Siebzigerjahren ein Versuch, den Westdeutschen eine neue Form politischer Identität zu bieten. Es ist unauflöslich verbunden mit der Forderung nach einer kritischen Auseinandersetzung mit der deutschen Vergangenheit, steht also für die Fähigkeit zur historischen Selbstkritik. Heute ist dieser Ansatz Staatsräson der Bundesrepublik, damals musste das debattiert und erstritten werden. Die Wiedervereinigung hat die Frage nach der Identität aller Deutschen dann nochmals aktueller gemacht. Auch da ging es um eine gesamtdeutsche Bürgerkultur, um staatsbürgerlichen Zusammenhalt und um eine wehrhafte Demokratie auf der Basis einer Wertegemeinschaft. Heute stehen wir wieder vor neuen Herausforderungen durch Angriffe auf unsere Grundwerte. Heute sind wir deshalb vor allem gefordert, den Feinden der Demokratie und der Verfassung entschieden Grenzen zu setzen – und zwar nicht zuletzt mit Hilfe des Rechts. Das scheint mir die Aufgabe unserer Generation zu sein.

Das alles zeigt aber auch, dass Verfassungspatriotismus ein Entwicklungsprozess ist, und zwar ein Generationen übergreifender. Mit der Verknüpfung von Verfassung *und* Patriotismus geht es also auch um eine Verteidigungsgemeinschaft unserer Werte, die Integration fördert und nicht ausgrenzt – und

zwar ohne die negativ konnotierte Aufladung, die
der Begriff des Patriotismus alleinstehend in sich
birgt. Es ist ein Konzept, das sich als Alternative zum
ethnischen Staatsverständnis versteht. Damit entspricht es unserem republikanischen Grundver-
ständnis von Staatsbürgerschaft. Darüber hinaus
geht es um Bürgertugend, um eine aktive Staatsbür-
gerrolle, um Werte und Identität, und nicht um Sprache oder Abstammung. Wenn die Bürgerinnen und
Bürger einen emotionalen Zugang zu unseren
Grundwerten und zu unseren demokratischen Institutionen und Verfahren entwickeln, dann ist das
doch eine tolle Sache. Auch deshalb bin ich sehr
gerne Verfassungspatriotin!

Außerdem sollten wir dabei die europäische Perspektive nicht aus den Augen verlieren. Das Konzept
des Verfassungspatriotismus bietet ja auch die
Chance, das Projekt der europäischen Einigung
langsam und schrittweise mit der Entwicklung einer
europäischen Verfassungskultur zu untermauern.
Unsere pluralistischen und liberalen Grundwerte
sind die Basis des Friedens- und Freiheitsprojekts
Europa. Insofern spricht auch nichts gegen einen
europäischen Verfassungspatriotismus, der sich aus
vielen verschiedenen nationalen Überlieferungen
und Traditionen speist, aber eben auf einer Verfas-

sungs- und Wertegemeinschaft fußt. Auch Europa ist Heimat!

Weiten wir die Frage nochmals. Bedeutet die Auseinandersetzung mit Heimat nicht auch, darüber nachdenken zu müssen, in welcher Welt wir eigentlich leben wollen? Populismus, Ausgrenzung und Hass – das alles spaltet Heimat. Was tun dagegen?

ARAS: So schnell sind die Fundamente der Demokratie und unserer Werte – und übrigens auch des Anstands in unserer Gesellschaft – zum Glück nicht abgetragen. Aber wir müssen als Gesellschaft natürlich aufpassen, dass wir nicht durch Hass und Hetze auseinandergetrieben werden. Gerade wir als Abgeordnete stehen da in großer Verantwortung, denn das Parlament ist das Herzstück der Demokratie. Einerseits müssen wir den Menschen vermitteln, dass das Aushandeln von Positionen viel Arbeit ist, aber dass sich diese Mühen eben auch lohnen. Die Suche nach einem Kompromiss ist noch immer der beste Weg, allen fair und gleichberechtigt zu ihrem Recht zu verhelfen. Andererseits müssen wir unsere über Jahrzehnte hinweg gewachsene politische Kultur pflegen. Das ist ein zartes Pflänzchen, das wir hegen und schützen müssen. Ein zentraler Bestandteil dieser demokratischen politischen Kultur ist eben auch ein oftmals unausgesprochener Konsens darüber, was in der Öffentlichkeit gesagt werden darf und was nicht. Deshalb ist der Begriff der «Debattenkultur» so ein schönes Wort, denn der Wortstamm verbindet die Debatte mit kultiviert, also gepflegt und «anständig».

In den letzten Jahren hat sich da vieles verändert. Im öffentlichen Diskurs haben völkisch-nationalistische Positionen deutlich an Raum gewonnen. Wir werden heute wieder mit öffentlichen Äußerungen konfrontiert, die wir vor wenigen Jahren noch als völlig undenkbar gehalten hätten. Denken wir nur an den offen artikulierten Antisemitismus und Rassismus oder an hetzerische Geschichtsverfälschungen, von denen wir eigentlich schon in den Achtzigerjahren dachten, sie seien endgültig überwunden. Auch ist der Ton in der politischen Auseinandersetzung deutlich rauer geworden, emotionaler, oftmals persönlich verletzend.

Mit der Verrohung der Sprache ist es aber wie mit einer Spirale. Debatten schaukeln sich oft unnötig hoch. Das Sachliche, das Argument, der Wille zum Kompromiss und zur gemeinsam gefundenen Lösung treten dann in den Hintergrund. Provokationen, Skandalisierungen oder gar Hass bringen uns aber nicht weiter. Tabus oder Beschönigungen allerdings auch nicht. Wir müssen deshalb wieder dazu kommen, über einen zivilisierten Streit Lösungen zu finden. Dazu gilt es eine Sprache zu pflegen, die andere Positionen und Menschen anderer Herkunft oder mit einem anderen Lebensstil nicht ausgrenzt. Um beim Thema zu bleiben: Es kann nicht sein, dass man vermeintlich «Anderen» ihr Recht auf Heimat in unserer Gesellschaft abstreitet.

«Es kann nicht sein, dass man vermeintlich ‹Anderen› ihr Recht auf Heimat in unserer Gesellschaft abstreitet.»

BAUSINGER: Man kann in diesem Zusammenhang noch einmal an ein geschichtliches Erbe im Heimatverständnis erinnern, das meist ausgeblendet bleibt, wenn der Kompensationsgehalt von Heimat ins Licht gerückt wird, also die Orientierung an der Natur statt an technischen Realitäten, das Lob der Einfachheit und Übersichtlichkeit der Vormoderne gegenüber der schwer durchschaubaren Komplexität des modernen Lebens. Eine wichtige Rolle im Heimatverständnis und Heimatbekenntnis spielte ja doch auch der Gedanke der Solidarität, der die sozialen Bewegungen prägte – Teilnahme und Teilhabe am Leben der Gesinnungsgenossen.

Wenn wir den Gedanken der Solidarität und des Gemeinwohls übertragen, Frau Aras, was hat Heimat dann heute konkret mit Politik zu tun?

ARAS: Es wurde bereits die Allensbach-Umfrage zitiert, nach der die Menschen den Verlust von alteingesessenen Geschäften als größte Bedrohung für Heimat bezeichnen. Daraus lässt sich ableiten: Zugehörigkeit und damit auch Heimatgefühle hängen sehr stark von der lokalen Infrastruktur ab. Und dabei kommt dann die Politik ins Spiel. Es ist eben wichtig, dass es im Ort Treffpunkte gibt, wo sich die Dorfgemeinschaft treffen und austauschen kann. Den lokalen Bäckereibetrieb zu unterstützen – dass er zum Beispiel seine von Abschiebung bedrohten Azubis behalten kann, für die er auf dem deutschen Arbeitsmarkt keinen Ersatz finden wird –, ein Gemeindehaus mit attraktiven Angeboten und Veranstaltungen zu unterhalten, Mehrgenerationenhäuser und andere Begegnungsstätten einzurichten, Bahnhöfe in Schuss zu halten, Ortskernsanierungen zu fördern und so weiter – all das ist Heimatpolitik. Es ist eine Querschnittsaufgabe von Kommunal- und Landespolitik und vieler anderer, die zuständig sind. Sie alle müssen im Hinterkopf haben, wie wichtig Räume der Begegnung und soziale Ankerpunkte für den Zusammenhalt einer Gesellschaft sind.

BAUSINGER: Kein Widerspruch, aber eine gewisse Komplikation: Als in den Fünfziger- und Sechzigerjahren die ersten neuen Wohnviertel mit großen Hochhäusern entstanden, wurden in diese Gemeinschaftsräume eingebaut, die zur Enttäuschung der Planer vielfach leer blieben. Inzwischen ist das Bedürfnis nach gemeinsamen Treffpunkten in der eigenen Wohngegend zweifellos gewachsen. Aber man darf nicht übersehen, dass es für die Freizeitgestaltung vor allem in großen Städten viele unterschiedliche Angebote und Orte gibt, die ihrerseits als kleine Heimatplätze fungieren. In kleinen Gemeinden ist das anders; dort konzentriert sich gemeinsames Leben oft tatsächlich auf ein einziges räumliches Angebot – sofern es dieses überhaupt gibt. In den Dörfern ist es wichtig, dass die Wirtshäuser nicht verschwinden. Viele kleine Kommunen haben das begriffen und bemühen sich, gute Bedingungen für den Fortbestand zu schaffen.

Gemeinsame Werte sind eine gute Sache, aber manchmal geht es auch einfach um harte Fakten, um soziale Fragen und Geld. Nehmen wir das Beispiel Wohnungsmarkt. Wer aufgrund ständig steigender Mietpreise seine Wohnung aufgeben muss, in der er vielleicht alt zu werden gedachte, der verliert auch ein Stück Heimat.

ARAS: Ja, das ist realer Verlust von Heimat – und damit immer auch von Zugehörigkeit. Die Wohnungsfrage ist ein wichtiges, vielleicht sogar das wichtigste Thema der Kommunal- und Landespolitik der nächsten Jahre. Denn eine Stadt ist nur dann eine lebenswerte Stadt, wenn sie es schafft, allen Menschen, egal welchen sozialen Status sie haben, Wohnung und Heimat zu geben. Unser Leben in den Städten wäre im Übrigen auch unglaublich langweilig, wenn sich dort nur Besserverdienende das Wohnen leisten könnten.

BAUSINGER: Glücklicherweise merken inzwischen auch Heimatvereine auf lokaler und überlokaler Ebene, dass es nicht damit getan ist, Wanderwege zu beschildern oder einzelne Fachwerkhäuser vor dem Abriss zu retten. Inzwischen weiß man dort auch, dass der Mietspiegel etwas mit Heimat und Heimatpflege zu tun hat.

Kommen wir nochmals etwas genereller zum Thema Heimat zurück. Wie sieht es aus mit dem aktuellen Trend zur Popularisierung von Heimat? Geht Ihnen das manchmal zu weit?

BAUSINGER: Das ging mir schon immer zu weit. Das hat aber sicher auch mit meinem Beruf zu tun. Zunächst hatte ich ja das Fach Volkskunde zu vertreten, und dieses Fach war anfangs ganz und gar auf die bereits beschriebenen Kulissen von Heimat ausgerichtet. Im Fokus des Faches standen beispielsweise alte Volkslieder. Wir fingen damals an zu fragen, was die Leute denn eigentlich singen. Das Ergebnis war, dass recht selten Volkslieder gesungen wurden, sondern eben die weitaus populäreren Schlager. Man konnte das damals durchgängig verfolgen: Ich schrieb zum Beispiel 1952 meine Doktorarbeit über lebendiges Erzählen. Der Ausgangspunkt war für mich die damals vorherrschende Meinung, es würden keine Märchen, Sagen oder andere Geschichten mehr erzählt. Aber natürlich erzählten die Leute auch weiterhin, nur eben andere Geschichten, mehr Alltägliches.

Aber Heimat wird natürlich in vielerlei Hinsicht auch vermarktet. Heimatobjekte wurden und werden immer mehr und immer dichter in ein großes kommerzielles Verteilungssystem eingebunden. Das nimmt dann rasch Showcharakter an und wird Bestandteil der Fremdenverkehrsindustrie. Die Verwendung des Wortes Heimat und die Verwendung von Heimatzeichen in der Werbung kennt fast kein Tabu mehr. Das betrifft Supermärkte genauso wie Banken, die oftmals in bombastischen Betonblöcken beheimatet sind und die damit ein handfestes Stück Heimatzerstörung bewirkt haben. Gleichzeitig versuchen sie das dann mit heimatlichen Dialektlesungen zu kompensieren. Manchmal kommt es da zu seltsamen Allianzen aus Kommerz und Heimatpflege. Heimat ist aber auch ein fester Bestandteil der Kulturindustrie geworden; eine Programmsparte, die sehr wirkungsvoll eingesetzt werden kann – ein Unterhaltungsangebot. Und es kommt gerade deshalb so gut an, weil ältere Konnotationen in dem Wort mitschwingen und weil man in den Heimatprodukten eine heilere Welt zu finden glaubt.

Haben denn Heimatmuseen noch eine Zukunft, oder braucht man die in Zeiten von Globalisierung und hybriden Identitäten nicht mehr?

BAUSINGER: Die Heimatmuseen erlebten vor allem in den Siebzigerjahren einen Boom. Davor gab es in fast jedem Dorf irgendeine Sammlung, die meist von einem pensionierten Lehrer betreut wurde und die einmal in der Woche – oder auch nur einmal im Jahr – der Öffentlichkeit zugänglich gemacht wurde. Dann wurde die Arbeit der Heimatmuseen aber professionalisiert, unter anderem auch mit festangestellten Arbeitskräften, meist mit Halbtagsstellen. Dabei wurden die Ausstellungen oftmals auch inhaltlich neu ausgerichtet. Gezeigt wurden nun nicht mehr nur alte Trachten und Dreschflegel, sondern man fing an, sich mit der Industrialisierung oder auch mit der NS-Zeit vor Ort zu beschäftigen. Das spielte damals alles eine wichtige Rolle. Heute aber sind viele dieser kleinen Heimatmuseen unter Druck, weil es auch hier die Tendenz zu Großunternehmungen und zur Spezialisierung gibt, ähnlich wie im sonstigen musealen Bereich auch. Da gibt es oft großartige Angebote, aber die kleinen Heimatmuseen könnten darunter leiden.

Verwundert es Sie, wenn in Fußgängerzonen Dirndlläden zu finden sind oder wenn auf dem Cannstatter Wasen junge Frauen und Männer in Dirndl und Lederhosen herumlaufen?

BAUSINGER: Nein, eigentlich verwundert mich das längst nicht mehr. Und zwar ganz einfach deshalb, weil der Echtheitsfanatismus längst schon abgeklungen ist. Auch in diesem Bereich leben wir in einer weit geöffneten Gesellschaft. Dass die Industrie dann entsprechende Angebote macht, ist ganz normal und auch in vielen anderen Bereichen zu sehen. Dann gehen die Leute halt in Dirndl und Lederhosen auf den Wasen, wo beides eigentlich nicht hingehört. Das ist einerseits Ausdruck einer gewissen Kommerzialisierung. Andererseits kann man aber dem ganzen bunten Treiben auch etwas Positives abgewinnen, denn es ist auch Ausdruck einer Entpathetisierung. Die Trachtenvereine waren lange Zeit berüchtigt dafür, dass sie nicht nur Trachten trugen, sondern auch Heimatblätter veröffentlichten, in denen vereinzelt offen fremdenfeindliche und antisemitische Äußerungen zu finden waren. Heimat hatte da immer auch etwas Abgrenzendes gegenüber vermeintlich Fremden oder Zugezogenen. Heute kann jede und jeder ein Dirndl oder Lederhosen anziehen. Auf dem Wasen sind jedes Jahr Menschen aus Dutzenden von Nationen in «Tracht» unterwegs. Und diese Entpathetisierung von Heimat geht glücklicherweise hoch bis ins Nationale. Denken wir nur an die Fußballweltmeisterschaft 2006 in Deutschland. Bei dem damaligen «deutschen Sommermärchen» konnten wir keine aggressive oder ausgrenzende, sondern eine sehr fröhliche Identifikation mit nationalen Symbolen, zum Beispiel mit der Deutschlandflagge erleben.

ARAS: An das Sommermärchen 2006 in Stuttgart habe ich in der Tat auch ausschließlich positive Erinnerungen. Das Meer der Deutschlandfahnen war eine Einladung zum Feiern an alle – als Gemeinschaft. Der Begriff der Entpathetisierung trifft es also gut. Ich finde, wir brauchen Symbole des Zusammenhalts und auch des Stolzes auf unser starkes Land und seine Zivilgesellschaft. Sie sprechen uns emotional an, wir können mit ihnen direkt und für alle sichtbar unsere Verbundenheit zum Ausdruck bringen.

Ich erlebe das zum Beispiel bei den Einbürgerungsfeiern der Stadt Stuttgart, die ich regelmäßig besuche. Das sind sehr würdige Veranstaltungen. Am Ende singen wir alle gemeinsam die Nationalhymne, als symbolischen Schlusspunkt eines teilweise langen individuellen Prozesses. Das gemeinsame Singen von «Einigkeit und Recht und Freiheit» sagt: Jetzt gehören wir dazu! Das ist sehr ergreifend, und ich bekomme immer noch jedes Mal Gänsehaut, obwohl ich schon bei so vielen Einbürgerungsfeiern war. Deshalb sollten wir uns auch gegen alle Versuche wehren, diese Symbole wieder ideologisch zu verengen oder für Abgrenzungen nach dem Motto «wir gegen die» zu missbrauchen.

Herr Bausinger, Sie sind in Aalen geboren, leben in Reutlingen und arbeiten in Tübingen. Hat es Sie nie weggezogen aus der engeren württembergischen Heimat?

BAUSINGER: Doch, mitunter schon. Ich hatte mehrere Rufe in andere Städte, nach Freiburg, Bern, Zürich, Essen oder Göttingen. Aber überall dort, wo ich einen Ruf bekommen hatte, entdeckte ich Leichen im Keller. Hier in Tübingen war das nicht so. Hier hatte ich ein wunderbares Institut mit wunderbaren Mitarbeitern und Mitarbeiterinnen. Auch die Schwäbische Alb, also das unmittelbare Umfeld, war mir immer lieb und teuer. Die Heimatverbundenheit spielte bei mir also immer auch eine gewisse Rolle.

Meine Heimatstadt Aalen ist mir auch immer noch wichtig, weil ich dort aufgewachsen bin. Es gibt eine kuriose Definition von Heimat, die ich einmal in einer Jugendzeitschrift gelesen habe. Damals wurden Jugendliche gefragt, was Heimat sei, und ein Vierzehnjähriger schrieb: «Heimat ist der Ort, den man nie vergisst, denn man hat dort seine Geburt durchgeführt.» Das ist nicht nur bürokratisch ausgedrückt, sondern verkennt auch die vielen Fälle, in denen der Geburtsort den weiteren Lebensweg nicht bestimmt. Der Ort, an dem man aufgewachsen ist, hat dagegen sicher eine große Bedeutung für das heimatliche Gefühl. Nicht umsonst wird Heimat immer wieder mit der Kindheit in Verbindung gebracht, also mit der Zeit, in der sich die individuelle Prägung entwickelt und verfestigt.

Und was bedeutet Heimat für Sie ganz persönlich?

BAUSINGER: Na ja, eigentlich gar nicht so viel, denn man denkt ja im Alltag nicht ständig darüber nach. Meist muss es erst irgendein Problem geben oder es muss etwas passieren, damit man sich mit Heimat aktiv auseinandersetzt – eine Aufgabe, eine Erinnerung oder ein Bild, das plötzlich auftaucht. Erst jetzt, durch Ihre Frage, wird mir klar, dass ich die ausdrückliche Benennung von Heimat eher auf den Ort beziehe, in dem ich meine Kindheit und Jugend verbracht habe und zu dem die Verbindung nie ganz abgebrochen ist. Ich freue mich zum Beispiel immer, wenn ich Nachrichten aus meiner Heimatstadt Aalen erhalte. Das kann ganz banal sein, etwa wenn der VfR Aalen ein Fußballspiel – ausnahmsweise – gewinnt.

Dabei ist natürlich mein aktuelles Leben sehr viel intensiver heimatlich gestimmt – geprägt durch das vertraute familiäre Umfeld, durch die Gegenwart und Ansprechbarkeit von Freunden und durch einen gesicherten Alltag, für den es kein besonderes Etikett braucht. Die Selbstverständlichkeit, die für dieses heimatliche Leben charakteristisch ist, kann also geradezu verhindern, dass der Heimatbezug ständig gegenwärtig bleibt.

Frau Aras, was bedeutet Heimat für Sie?

ARAS: Bundespräsident Frank-Walter Steinmeier brachte es bei seiner Rede zum Tag der Einheit am 3. Oktober 2018 auf den Punkt: «Verstehen und verstanden werden – das ist Heimat.» Heimat heißt also zu wissen, wo man selbst und die Mitmenschen um einen herum herkommen. Heimat ist aber auch ein Ort, den wir uns als Gesellschaft in der Begegnung und im Gespräch immer wieder von neuem schaffen müssen. Ein Ort also, der uns über unsere jeweiligen Lebenswelten hinaus verbindet. Die Grundwerte, die wir teilen und die für alle verbindlich gelten, garantieren den Zusammenhalt. Dann ist es egal, ob man Ostern, das Zuckerfest oder das Pessachfest feiert. Eine Gemeinschaft verträgt lebendige und unterscheidbare Gruppen, solange sich die Vielfalt in der Einheit bewährt und solange das Wertefundament nicht bröckelt.

Im Alltag bedeutet Heimat für mich ganz einfach: nach einer Reise nach Stuttgart zurückkommen und in die Straße einbiegen, in der ich wohne. Das ist mehr als nur ein geographischer Ort, denn Heimat ist dort, wo ich meine Familie, meine Freunde und meinen Lebensmittelpunkt habe – aber auch dort, wo ich mit anderen Menschen Werte teile. Oder allgemeiner gesagt: Heimat ist da, wo ich angekommen bin, wo man mich wertschätzt, wo ich durch Arbeit, Schule, Familie, Freunde, durch Kultur oder Politik Teil einer Gemeinschaft bin, in der man sich gegenseitig hilft.

Herr Bausinger, verändert sich Heimat, wenn man älter wird?

BAUSINGER: Nicht prinzipiell, aber in Nuancen. Grundsätzlich gehören zur Heimat immer das Gefühl der Übereinstimmung mit dem Umfeld und die selbstverständliche Sicherheit des Daseins. Erwin Teufel hat einmal Heimat als den Ort bezeichnet, «wo man keinen Pass braucht». Das ist verwaltungstechnisch ausgedrückt, aber es ist mitgedacht, dass die fraglose Selbstverständlichkeit weit ins Private und Alltägliche hineinreicht: Heimat als Ort, an dem ich mich nicht erklären und rechtfertigen muss; Heimat als der Ort, wo ich meinen Hut aufhänge, wie es die Amerikaner ausdrücken. Und mit einigen riskanten philosophischen Windungen lässt sich vielleicht sogar Thomas Bernhards Äußerung hier einreihen: Heimat als Ort, «wo man sich aufhängt».

«Wenn man älter wird, werden der engere Umkreis und die Gewohnheit wichtiger. Fast banale Alltäglichkeiten spielen dann eine größere Rolle – aber das hat auch mit Heimat zu tun.»

Aber ich will der Frage nicht mit der Hilfe aparter Zitate ausweichen. Mit steigendem Alter wird es in der Regel immer schwieriger, den Zustand befriedeter Selbstverständlichkeit und damit Heimat zu retten. Es gibt ein Buch von Daniel Schreiber mit dem Titel «Zuhause». Er versteht unter Zuhause die Wohnung, den Wohnplatz. Schreiber versucht zu erklären, dass das Zuhause in unserer schnelllebigen Gesellschaft immer wichtiger wird. Ich glaube, das betrifft vor allem auch ältere Menschen. Der engere Umkreis wird wichtiger, die Gewohnheit wird wichtiger. Es ist ja kein Zufall, dass sich viele alte Menschen dagegen wehren, in ein Betreuungsheim zu gehen – oft mit der Begründung, dort seien doch nur lauter alte Menschen. Gewohnheit heißt aber nicht nur, dass man bei bestimmten Dingen bleiben will, sondern Gewohnheit ist auch so etwas wie eine innere Struktur, die eng verbunden ist mit Normalität – und die Halt gibt. Diese fast banale Alltäglichkeit spielt bei älteren Menschen bestimmt eine größere Rolle als bei jüngeren.

ARAS: Zum Schluss noch eine ganz persönliche Frage von mir: Was ist eigentlich Ihr Patentrezept, um in Ihrem Alter noch so fit zu sein?

BAUSINGER: Na ja, fit ist relativ. Vieles ist Glückssache, und Glück ist zerbrechlich. Ich glaube, es gibt kein Patentrezept fürs Altern. Aktivität – geistige und körperliche – ist sicher wichtig. Aber zur Hälfte sind es wahrscheinlich die Gene, die dafür sorgen, dass man einigermaßen bei Trost bleibt. Das sagen mir auch Ärzte immer wieder. Neugierde macht sicherlich auch einiges aus. Ich bin weiterhin extrem neugierig. Und ich sollte wohl anmerken, dass ich dabei nicht primär an künftige Fußballspiele denke, sondern an die Welt der Familie, der Kinder und Enkel, der Freunde und Bekannten, an die wissenschaftlichen Wege in meinem Fachgebiet, aber auch an die Entwicklung im größeren Bereich von Politik, Kultur, Wirtschaft. Auch Heimat wird wohl ein Thema bleiben – sie kann nicht weg.

Bibliografische Information der Deutschen Nationalbibliothek
Die Deutsche Nationalbibliothek verzeichnet diese Publikation
in der Deutschen Nationalbibliografie; detaillierte bibliografische Daten sind im Internet über http://dnb.dnb.de abrufbar.

Fotos: Franziska Kraufmann (www.pressefoto-kraufmann.de)

Die beiden Gesprächspartner und der Moderator haben bei diesem Buchprojekt auf jegliche Honorare verzichtet.

© 2019 · Klöpfer, Narr GmbH
Dischingerweg 5 · D-72070 Tübingen

Internet: www.kloepfer-narr.de
eMail: info@kloepfer-narr.de

CPI books GmbH, Leck

ISBN 978-3-7496-1001-3 (Print)
ISBN 978-3-7496-6001-8 (ePub)